KB189331

진실의 힘

著 윌리엄 조던 William George Jordan

譯 최영열 Valentino Choi

진실의 힘

초판 1쇄 발행 2024년 3월 23일

지 은 이 윌리엄 조던 지음 / 최영열 번역
발 행 인 권선복
편   집 권보송
디 자 인 서보미
전 자 책 서보미
발 행 처 도서출판 행복에너지
출판등록 제315-2011-000035호
주   소 (07679) 서울특별시 강서구 화곡로 232
전   화 0505-613-6133
팩   스 0303-0799-1560
홈페이지 www.happybook.or.kr
이 메 일 ksbdata@daum.net

값 20,000원

ISBN 979-11-93607-21-3 (13190)

著 윌리엄 조던
William George Jordan

譯 최영열
Valentino Choi

진실의 힘

도서출판 행복에너지

작품 소개

『진실의 힘』은 미국의 작가 윌리엄 조던William George Jordan의 1902년 작품으로, 자기계발서라고 많이 알려져 있으나 우리가 현대적 감각으로 흔히 생각하는 자기계발서와는 사뭇 다릅니다. 이 책은 단순히 편안하고 쉬운 인생을 위한 방법론을 제시하지 않습니다. 대신 독자들로 하여금 하느님의 뜻과 일치하는 진리眞理와 이성理性에 대한 확고한 신념을 품고 살아가도록 동기를 부여하고 있으며, 심지어 고난을 겪거나 어떠한 해를 입더라도 옳은 것을 추구하며 사는 길을 권하고 있습니다. 저자는 미국 기독교 문화에 충실하며 독실한 신앙을 가지고 있지만, 개신교의 특정 종파적 시각으로 세상을 편협하게 보는 것을 거부하며, 그보다는 보편적 신앙, 인간의 상식과 합리성, 그리고 인류애적 가치에 호소하고 있어서 이 작품은 시대를 초월하는 감동을 주고 있습니다.

하지만 헤겔의 말처럼 모든 개인은 "자기 시대의 아들ein Sohn seiner Zeit"이라고 할 수 있으며, 이 책 또한 당대의 시대적 맥락을 생각하지 않을 수 없습니다. 이 책이 출간된 시기는 그야말로 모더니즘 시대의 정점이라고 할 수 있습니다. 실증적이고 과학적인 사고는 근대적 이성의 방법론으로 각광을 받았고, 그것이 인류가 끝없는 진보를 향해 나아가는 기치라고 생각했던 시대입니다. 20세기가 시작하고 두 번째 해에 출간된 이 책 또한 이러한 근대 이성중심주의에 입각한 낙관주의적 시각이 상당히 엿보입니다. 하지만 물론 이후 인류는 바로 그 근대적 합리성에 의해 대량 학살과 비인간화의 파멸을 맛보았으며 저자가 희망으로 맞이한 20세기는 결국 많은 반성과 회의를 남기며 막을 내리게 되었지요. 결과를 놓고 반성적으로 고찰해 보면 사실 이성중심주의에는 애초에 주체의 독단이 내포되어 있었기 때문입니다. 하지만 본 역자는 이 책을 단지 실패한 근대적 합리성의 잔재로 치부하고 싶지는 않습니다. 그보다는 인류가 희망을 품고 진보의 길을 걸어갔던 시대에 긍정의 언어로 '이성logos'을 지키면서 나아가보고 싶었던 시대적 목소리를 대변한 작품이라고 생각하며, 이러한 측면에서만 보더라도 이 책의 가치는 충분하다고 생각합니다. 진리와 자유를 향한 저자의 외침은 우리가 살고 있는 현시대에도 큰 울림을 주고 있기 때문입니다.

번역 원칙

본 작품을 번역할 때 적용한 몇 가지 주요 원칙을 미리 밝혀두고자 합니다.

첫째, 전체 내용을 경어체로 번역하였습니다. 이 책은 강연문으로 사용해도 무방할 정도로 대화형, 청유형, 명령형의 문장이 빈번하게 등장하며, 이로써 저자는 독자와의 거리감을 없애고 마치 곁에서 대화로 설득하는 느낌을 의도적으로 자아내고 있습니다. 따라서 이를 평어체로 번역할 경우 지나치게 문어적이고 고압적인 어조로 변질되어 저자의 취지를 퇴색시킬 위험성이 다분하다고 판단하였습니다.

두 번째로, 원문에 사용된 큰따옴표와 이탤릭체는 전적으로 원문의 용법을 준수하여 저자의 의도를 훼손하지 않도록 하였습니다. 즉 큰따옴표의 경우 원문을 정확히 따라서 적용하였으며, 원문에서 이탤릭체로 강조한 부분 또한 번역문에서 해당 어구에 정확하게 작은따옴표로 표시하였습니다.

세 번째로, 작품에 등장하는 세계사적 사건, 전문 용어(법률, 금융, 회계, 철도, 해양 분야 등), 성경 인용, 기타 현재의 한국 독자를 기준으로 생각했을 때 설명이 필요한 단어나 문장 등은 역주에 명확한 설명을 제공하여 독자의 이해를 돕도록 하였습니다. 특히, 성경 구절의 표기는 가톨릭 성경 및 한국 천주교 주교회의에서 공인한 방식을 사용하였습니다.

네 번째로, 저자가 원문에서 구사한 언어유희는 번역문에서 없애기보다는 국문으로 각색하여 되살렸으며, 역주에 부연 설명을 하였습니다.

다섯 번째로, 원문에는 삽화가 없지만 책의 내용을 이해하는 데 도움이 되는 그림 및 사진 자료를 엄선하여 번역문의 관련 단락 아래에 설명과 함께 수록하였습니다.

마지막으로, 원문에서 일반적인 사람을 'man'으로 표기하고 또한 이를 지칭하기 위해 남성대명사he, his, him를 사용한 경우, 이는 '사람' 등 성 중립적gender-neutral 단어로 번역하였습니다.

목차

진실의
힘*

* 譯註: 첫 번째 챕터(Chapter)의 제목은 책의 제목과 같다.

...

 진실함은 모든 위대한 성품의 굳건한 토대입니다. 우리가 알다시피 진실하다는 것은 옳은 것에 충실한 태도이고, 우리가 품은 이상과 조화를 이루며 용기 있게 살아가는 것이며, 따라서 진실은 항상 힘입니다.

 하지만 진실은 결코 완벽하게 정의定義될 수 없습니다. 마치 전기電氣처럼 그것이 어떤 현상으로 드러나야 설명할 수 있을 뿐입니다. 진실은 영혼의 나침반이고, 양심의 수호자이며, 올바름을 판단하는 최후의 기준입니다. 진실은 이상理想이 드러난 모습이지만, 또한 그것은 이상을 깨닫도록 하는 영감이자 그 이상을 실현하도록 해주는 항시적 자극입니다.

 거짓말은 세상에서 손에 꼽힐 정도로 오래된 악 중 하

『뱀에게 유혹당하는 이브
(The Temptation of Eve)』
(John Roddam
Spencer Stanhope,
19세기 작품)

나로, 역사에 기록된 최초의 대화, 즉 모두가 잘 알고 있는 에덴동산에서의 시험에 처음으로 등장합니다. 거짓말은 그릇된 인상을 만들기 위해 자기 명예를 버리는 행위입니다. 거짓말은 어울리지도 않는 미덕으로 자신을 가장합니다. 진실은 보호자나 경호원 따위가 없어도 당당히 홀로 설 수 있습니다. 하지만 거짓말은 비열하고 겁이 많아서 항상 부대 단위로 움직여야 합니다. 마치 술에 취한 사람들이 이 말 저 말 허튼 소리를 내뱉듯이, 하나의 거짓말은 또 다른 거짓말을 뒷받침하려고 부질없이 애를 씁니다. 거짓말은 다른 모든 악의 동반자이자 공범입니다. 그것은 개개인의 삶을 도덕적으로 타락시키는 암과도 같습니다.

진실은 모든 미덕 가운데 가장 유서가 깊으며, 인류가 탄생하기 전부터 있었습니다. 즉 인간이 그것을 인식하거나 받아들이기 전부터 이미 살아 있었습니다. 그것은 변하지 않는 영속적인 존재입니다. 법칙성은 자연의 영원한 진리입니다. 이는 동일한 조건하에서는 항상 동일한 결과를 산출하는 통일성을 말합니다. 따라서 인간이 자연에서 위대한 진리를 발견하면, 수백만 가지의 현상에 대해서 이해할 수 있는 열쇠를 얻게 됩니다. 이와 마찬가지로 도덕적으로 위대한 진실을 꽉 붙잡는다면 영적으로 재창조될 수 있는 열쇠를 자신의 내면 세계에 가지게 되는 것입니다. 우리 각자에게 있어서 이론상의 진실 같은 것은 없습니다. 우리의 온 정신과 삶으로 녹아들지 않고, 우리의 삶에서 떼려야 뗄 수 없는 부분이 되지 않는 한, 그것이 설령 위대한 진실일지언정 우리에게는 실재實在하는 진실이 아닙니다. 만일 우리가 진실을 알고만 있을 뿐 진실하게 살지 않는다면, 우리의 삶은 거짓일 뿐입니다.

언사에 있어서도, 진실을 자신의 좌우명으로 삼고 있는 사람은 말을 신중하게 하고, 정확한 말을 하고자 애쓰며, 축소해서 말하거나 과장해서 말하지도 않습니다. 또한 자신이 확신할 수 없는 것은 결코 사실인 것처럼 진술하지 않습니다. 그 사람이 하는 말이란 마치 순금을 증명하는 각인처럼 진실함이 각인된 반지와도 같습니다. 그 사람이 여러분을 칭찬한다면 여러분은 그 사람의 말을 "있는 그대로의 것"으로 받아들일 수 있습니다. 그 사람의 칭찬을 받아들이기 전에 어떤 말을 덜어내고 들어야 하는지 마음속으로 계산해보지 않아도 됩니다. 그 사람의 약속은 중요한 무언가로 여길 수 있으며 마치 보증수표처럼 받아들일 수 있습니다. 그 사람은 아무리 많은 대가를 치르더라도 자신의 말을 입증하고 실천하리라는 사실을 여러분은 알고 있기 때문입니다. 그 사람의 정직은 어떤 방책이 아닙니다. 단지 정직이 "최선의 방책"이라는 이유만으로 정직하게 행동하는 사람은 정직하지 않으며, 단지 정치적일 뿐입니다. 대개 그런 사람은 더 좋은 조건을 얻을 수만 있다면, 진실에 바치던 충성을 버리고 악마를 위해 일하면서 야근까지도 불사할 사람입니다.

진실은 "사람들이 굳게 믿고, 신념을 가지는 대상"이라고 할 수 있습니다. 그래서 진실하다는 것은 우리의 신념대로 정직하게 사는 것을 말하며, 신념을 일련의 행위를 통해 드러내는 것을 말합니다. 진실은 언제나 확고하고 용감하며 기운이 넘치지만, 한편 친절하고 온화하며 차분하고 평화롭습니다. 잘못과 거짓 사이에는 결정적인 차이점이 있습니다. 즉 어쩌다 잘못을 저지른 사람은 그러한 잘못을 통해 배우면서 용감하게 살아갈 수 있지만, 삶이 거짓으로 가득한 사람은 진실을 알면서도 그것을 부정합니다. 자기가 믿는 바에 충실한 사람이 있는가 하면, 자기가 알고 있는 것을 배반하는 사람도 있습니다.

"진리가 무엇이오?"* 거의 2천 년 전에 그리스도에게 묻

- - - - - - - - - - -

* 譯註: 요한 18,38

16

는 빌라도의 이 유명한 질문은 많은 시대가 지났지만 아직도 답을 듣지 못한 채 메아리치고 있습니다. 우리는 끊임없이 모습을 드러내는 진실의 파편만을 볼 수 있으며 계속해서 새로운 면으로 잠깐씩만 파악할 수 있을 뿐, 결코 진실 그 자체에 대하여 완전하고 최종적인 정의를 내릴 수는 없습니다. 하지만 우리가 알고 있는 만큼이라도 진실에 부응하면서 살고, 쉬지 않고 진실에 대하여 더 많은 것을 알고자 애쓴다면, 우리는 진실의 힘이 가진 그 충만함으로 진실을 이해하고 받아들일 수 있는 영적 태도를 갖출 수 있을 것입니다. 진실은 도덕의 태양입니다. 하늘에 태양이 저 멀리 작게 보여도 그 빛 덕분에 우리가 걸어 다닐 수 있고 그것의 따뜻함과 생명 안에서 살 수 있는 것처럼, 비록 우리는 진실의 작은 부분만을 볼 수 있을 뿐이고 진실이 내려주는 빛줄기의 극히 미세한 부분만을 받고 있을 따름이지만, 마찬가지로 그 안에서 살아갈 수 있는 것입니다.

세상에 있는 위대한 종교 가운데 어떤 것에 진정한, 최후의, 절대적인 진리가 있습니까? 우리는 저마다의 선택을 하고, 선택을 했다면 우리가 할 수 있는 최선을 다해 그에 따라 살아야 합니다. 갖가지 새로운 종파, 온갖 새로운 교단마다 그 안에 최소한 진리의 알갱이는 있으며, 종교가

『빌라도 앞에 선 예수(Christ in front of Pilate)』(Mihály Munkácsy, 1881년작)

대중의 관심을 끌 수 있고 신도들이 생겨나는 이유는 이 때문입니다. 이 진리의 겨자씨는 종종 과대평가되어, 가지각색의 종교적 신앙에 존재하는 진실하지 못한 부분이나 측면들을 볼 수 없게 사람을 맹목으로 만들기도 합니다. 하지만 종교라는 것은 그것이 담고 있는 기본적인 진리와 정확히 비례한 만큼만 지속 혹은 영속할 수 있으며, 그만큼만 사람들의 마음을 만족시키고 영감을 줄 수가 있습니다. 오류는 버섯처럼 성장이 빨라도 곧 생명력을 소모하고 죽는 반면, 진실은 계속해서 살아있습니다.

부를 거머쥐는 것을 자기 삶의 목표 및 지상명령으로 삼고, 부를 어떤 다른 목적을 위한 수단이라기보다는 목적 그 자체로 보는 사람은 진실하지 않습니다. 어쩌다가 이 세상은 대개 재산을 성공의 기준으로 삼고, 부유함을 성취의 동의어로 삼게 되었을까요? 인생에서 진정한 성공은 개인이 자기 자신을 정복하는 것입니다. 그것은 "자기 자산資産을 얼마나 더 좋게 만들었나"가 아니라, "자기 자신自身을 얼마나 더 좋게 만들었나"를 의미합니다. 즉 인생의 가장 큰 문제는 "나는 무엇을 가졌는가?"가 아니라 "나는 무엇인가?"라는 것입니다.

사람은 보통 자신이 가장 원하는 것에 충실합니다. 5센트짜리 동전 한 닢을 아끼려고 거짓말을 하는 사람은 자기 명예보다 5센트짜리 동전 한 개를 더 소중히 여긴다고 선언하고 있는 것과 다름없습니다. 단지 돈이나 지위 때문에 자신의 이상과 진리와 인격을 희생하는 사람은 저울의 한쪽 접시에 양심을 올려놓고서 다른 접시에는 금 보따리를 놓고 무게를 재고 있을 뿐입니다. 그리하여 저울에서 더 무게가 나간다고 생각하고 또 더 간절히 원하는 것, 바로 돈에 충실합니다. 그렇지만 이는 진실한 게 아닙니다. 진실함은 추상적인 올바름에 대한 마음의 충실함이며, 구체적인 사례를 통해서 드러나게 됩니다.

거짓말하고, 속임수를 쓰고, 오해하게 만들고, 비난하기를 일삼고서 "거짓말은 사업에 어쩔 수 없이 필요하다"라고 말하며 자신의 가냘픈 양심을 합리화하려고 애쓰는 상인은 그 행동만큼이나 말에서도 진실하지 못합니다. 그 사람은 살기 위해서는 남의 물건을 훔쳐야 했다고 말하는 도둑처럼 치졸한 변명으로 자신을 정당화합니다. 냉소주의자들은 어떻게 주장할지 모르겠지만, 거짓말이 어쩌다가 일시적으로 성공할 수 있는 경우가 있다고 한들, 한 개인이나 도시 또는 국가의 사업이 번영하려면 결국에는 오직 상업적 정직성에 기초해야 합니다. 끝까지 남는 것은 결국 진실뿐입니다.

우유부단하고, 일회일비하며, 조변석개朝變夕改하고, 항해에 비유하자면 인기라는 바람에 맞춰서 자신이 나가야 할 항로를 끊임없이 바꾸는 정치인은 성공한 듯 보일지도 모르지만 결국은 사기꾼이라는 게 밝혀질 것입니다. 거짓은 한때지만, 진실은 영원합니다. 거짓은 결코 그 자신의 생명력으로 살아 있는 게 아닙니다. 단지 진실을 모방함으로써 존재할 수 있을 뿐입니다. 그래서 정체가 드러나버리면, 바로 죽어버립니다.

어떤 도시에 네 개의 신문사가 있는데 저마다 자신의 발

행 부수가 다른 모든 신문들을 합친 것보다 더 많다고 주장을 한다면 어딘가 잘못되어 있는 게 분명합니다. 거짓이 있는 곳에는 항상 갈등, 불일치, 불가능이 따라옵니다. 시간이 시작된 처음의 1초부터, 아니면 영원한 시간의 어느 한 구간에서부터라도 인생과 경험에서 축적된 모든 진실이 하나로 모인다면, 완벽한 조화, 완전한 일치, 결합과 통일이 이루어집니다. 하지만 두 개의 거짓이 한데 모이면 그 둘은 서로 다투고 파멸시키지 못해서 안달이 납니다.

진실은 다름 아닌 일상다반사 안에서 늘 우리의 길잡이와 영감이 되어야 합니다. 진실은 특별한 날에만 입는 파티 복장이 아니라, 튼튼하게 잘 뜨개질해서 쉽게 해어지지 않는 일상생활용 의복입니다.

자신이 한 약속을 잊어버리는 사람은 진실하지 않습니다. 우리는 우리 각자의 이익을 위해서 한 약속은 거의 어기지 않습니다. 우리는 이러한 약속은 마치 최대한 빨리 현금화해야 하는 수표처럼 여깁니다. 옛날 어떤 철학자는 이렇게 말했습니다. "수전노는 자신의 보물을 어디에 숨겼는지 절대 잊어버리지 않는다." 우리는 자기가 한 약속을 무엇보다 지극하고 신성하게 여겨서, 약속을 잊어버리는 것을 죄처럼 느끼고 약속을 부인하는 일 따위는 도저히 있을 수 없을 정도로 탁월한 명예심을 길러야 합니다.

듣기 좋은 말을 앞세워 자기에게는 공기처럼 가벼운 책임을 지우면서 다른 사람에게는 마치 그 사람 삶의 희망이 거기에만 달려있기라도 한 것처럼 바위같이 무거운 짐을 지우는 약속을 하는 사람은 아주 잔혹하도록 진실하지 않습니다. 약속을 무심코 어기거나 약속을 무시하는 등, 자기가 한 약속을 중요하게 여기지 않는 사람은 몰지각하게 남의 시간을 뺏는 도둑입니다. 그런 사람은 약속을 어기면서 자신이 이기적이고, 부주의하며, 사업적 도덕관념이 해이하다는 것을 드러냅니다. 즉 인생의 가장 단순한 정의正義에 대해서조차 진실하지 못한 것입니다.

양심에 대해서 시시콜콜하게 따지기 좋아하는 사람들, 겉보기에는 진실처럼 보이는 거짓 인상을 심어주기 위해 능수능란하고 약삭빠른 언변으로 다른 사람들을 현혹하는 사람들은, 가장 비겁한 방식으로 진실을 배신합니다. 그런 사람들은 아마 혼자 카드 짝을 맞추며 놀 때조차도 속임수를 쓸 것입니다. 마치 살인자처럼 그들은 자기 알리바이의 영리함을 자축하면서 스스로가 자신의 죄를 사해줍니다.

자녀에게 명예에 대하여 설교하면서도, 정작 아이를 버

스를 태울 때는 차비를 한 푼이라도 아끼기 위해 기사에게 아이의 나이를 거짓말하는 부모는 진실하지 못합니다.

자신의 종교를 주중 내내 꼭꼭 처박아 두었다가 오직 일요일에만 가지고 나가는 사람은 진실하지 못합니다. 일은 최소한으로 하면서 임금은 최대한으로 받고자 하는 사람은 진실하지 못합니다. 잠에 들기 위해서가 아니라 자신의 양심을 잠재우기 위해 자장가를 불러야만 하는 사람은 진실하지 못합니다.

진실은 도덕에 있어서 직선으로 뻗어나갑니다. 즉 사실과 사실의 표현 사이를 최단 거리로 닿습니다. 유년기에는 반드시 진실의 기초가 세워져야 합니다. 그런 다음에 부모는 자녀의 어린 마음에, 매사 진실에 즉각적이고 자동적으로 의지하는 태도가 인생에 계속해서 이어질 수 있게끔 가르쳐야 합니다. 아이에게 "무엇보다도 진실"이 삶의 좌우명이 되어야 한다고 알려주십시오. 부모들이 교육상 저지르는 큰 착오는 거짓말을 도덕적으로 질병으로 간주한다는 것입니다. 그러나 거짓말 자체는 결코 질병 같은 것이 아닙니다. 그것은 단지 질병이 야기하는 증상일 뿐입니다. 즉 모든 거짓의 배후에는 어떤 이유나 원인이 있으며, 제거해야 하는 것은 바로 그 원인입니다. 거짓말은 두려움이 낳은 결과일 수도 있고, 잘못을 덮거나 처벌을 피하려는 시도일 수도 있습니다. 또는 단지 상상력이 지나치게 풍부하다는 증거일 수도 있고, 아니면 악의나 완고함이 드러난 것일 수도 있습니다. 또는 칭찬에 대한 갈망 때문일 수도 있습니다. 예컨대 아이가 관심을 끌기 위해 멋진 이야기를 꾸며내서 다른 사람을 놀라게 할 수도 있는 것입니다. 또는 말하는 과정에서 부주의하거나 말을 거침 없이 막 하다가 거짓말을 하게 되는 수도 있습니다. 또, 욕심 때문에 거짓말이 씨가 되어서 도둑질까지 하게 되는 경우도 있습니다. 하지만 증상이 나타난 덕분에 어떤 병인지 드러나게 되어서 그 병을 치료할 수 있듯이, 아이 또는 어른의 인생에서도 드러난 거짓의 원인을 제거한다면 진실이 본인의 내면에서 다시금 권위를 되찾고 도덕적 건강이 회복될 것입니다.

아이에게 거짓말을 하지 말라고 끊임없이 말하는 것은 되려 "거짓말"에 생명력과 강렬함만 주게 될 수 있습니다. 올바른 방법은 긍정적인 측면에서 도덕적 힘을 키우면서, 아이에게 정직하고, 성실하며, 신의 있고, 진실을 두려워하지 않도록 독려하는 것입니다. 진실한 말을 하고, 옳은 것을 실행하며, 온갖 사소한 일에도 명예로운 원칙을 굳게 지킬 수 있는 용기의 고귀함에 대해서 말해주십시오. 그러면 여러분의 자녀는 살아가면서 어떤 위기에 직면해도 결코 두려워할 필요가 없게 됩니다.

부모는 반드시 진실하게 살아야 합니다. 그렇지 않으면 아이도 진실하게 살지 않을 것입니다. 아이는 여러분의 겉치레뿐인 지식의 거품을 꺼뜨리고, 복잡한 사고 과정을 거치지 않고도 궤변의 핵심을 본능적으로 찌르며, 여러분이 약속을 이행하지 않았던 사례들을 가차 없이 열거하고, 기술적인 언변으로 거짓을 사실처럼 말하는 것을 마치 법정의 재판관처럼 파악해냅니다. 이러한 아이들의 영민함은 여러분을 깜짝 놀라게 합니다. 여러분이 누군가에게 선의의 거짓말을 하면, 여러분의 자녀는 그것을 기억했다가 자신의 거짓말을 정당화할 것입니다. 아이들이 어른들의 거짓말을 다 엿듣고 기억한다는 사실을 여러분은 미처 깨닫지 못합니다. 우리가 말로만 아이들의 정신세계를 칭찬할 뿐, 사실은 과소평가하고 있기 때문입니다.

자녀에게 직접적으로 혹은 간접적으로 어떠한 방법으로든 진실의 힘, 진실의 아름다움, 그리고 진실과 교제하는 기쁨과 평온함을 가르치십시오.

그리고 그것이 이론이 아니라 사실로서 자녀의 성품에

반석을 놓는 기초가 된다면, 사람에게 허락된 예지능력으로 보장하건대 여러분 자녀의 미래에 대해서 전적으로 확신해도 될 것입니다.

진실의 힘은 가장 높고 가장 순수하며 가장 고귀한 단계에서 다음과 같은 네 가지 기본적 관계 위에 똑바로 서 있습니다. 그것은 바로 진실에 대한 사랑, 진실에 대한 추구, 진실에 대한 신념, 진실을 위한 노력입니다.

진실에 대한 사랑은 본성적이며 자체적으로 길러진 굶주림이며, 그 사랑을 위해 어떤 값을 치르게 되든, 어떤 희생이 수반하든, 또 그로 인해 일생동안 지켜온 어떤 이론이나 믿음들을 폐기하게 되더라도 상관하지 않습니다. 최고의 단계에 있는 이러한 삶의 태도를 흔히 보기 쉬운 것은 아니지만, 적어도 이런 생각에 일치하려는 노력을 '시작'조차 하지 않는다면, 진실과 함께 당당하게 걷지 못하고 살금살금 기어 다닐 수밖에 없습니다. 진실을 사랑하는 사람은 비열한 짓을 해서 어떤 이득이 생긴다 하더라도, 심지어는 온 세상의 칭찬을 받게 된다 하더라도, 그런 짓을 하는 것 자체를 경멸합니다. 또한 어떤 이익을 얻으려고 자신이 가진 높은 수준의 도덕적 기준을 포기하는 일 따위는 절대 하지 않으며, 나침반 바늘이 미세하게 흔들릴 수는 있어도 항상 진북眞北을 향하듯이, 자신에게 여러 생각이 들 수 있다는 것은 알지만 결코 자기 생각이 진실에서 다른 방향으로 이탈하도록 허용하지는 않습니다. 즉 생각이 그렇게 흔들릴 수도 있다는 것을 스스로가 인지하고 있는 것만으로도 충분히 방향을 잃지 않을 수 있습니다. 그 자신이 그것이 옳지 않다고 스스로 인정한다면, 세상 사람들이 어떻게 생각하는지가 무슨 상관이 있겠습니까?

어떤 종교적 신념이 있지만 그 신념이 잘못되었다고 입증될까 봐 그에 대해 토론하기 두려워하는 사람은, 결코 자기 신념에 충실하지 않으며 단지 자신의 편견에 대하여 겁쟁이 같은 충실함만 있을 뿐입니다. 만일 진리를 사랑하는 사람이었다면, 그 사람은 더 높고, 더 낮고, 더 진실한 신념을 위해서라면 현재 자신이 가진 믿음은 언제든지 기꺼이 포기할 것입니다.

해마다 변화하는 정치적 쟁점, 인물, 문제점을 고려하지 않고 단지 자신은 항상 그렇게 투표해왔다는 이유로 어느 한 쪽에만 투표하는 사람은 낡아빠진 선례에 대한 약하고, 잘못되고, 완고한 집착 때문에 진실에 대한 충실함을 희생시키고 있습니다. 그 사람의 논리대로 한다면, 그 사람은 평생 동안 요람에 누워서 지내야 할 것입니다. 자기 어린 시절을 그 요람에서 보냈으니까 말입니다.

진실에 대한 추구는 단순히 각자 자신이 생각하는 대로의 진실을 따라야만 한다는 게 아니라, 가능한 한 자신에게 옳다고 여겨지는 진실을 찾아야만 한다는 것을 의미합니다. 미국의 군함 키어사지Kearsarge가 론카도르 암초Roncador Reef에서 난파했을 때 함장은 해도에 따라 정확하게 항해하고 있었습니다.* 하지만 그의 해도는 오래된 것이었고, 물속에 있는 암초가 표시되어 있지 않았습니다. 지나간 수치로만 경제를 분석하는 데 충실하다 보면 경기 침체를 맞이할 수 있습니다. 중국에서는 오늘날에도 물론 농사를 짓지만, 무려 4천 년 전의 농기구로 경작합니다. 진실에 대한 추구야말로 문명과 도덕을 진보하도록 이끄는 천사입니다. 그것은 우리가 자신의 삶에서 대담하고 적극적인 사람이 되도록 하지만, 다른 한편으로는 다른 사람들과 상냥한 마음으로 공감하도록 가르칩니다. 진리를 추구하면서 살다 보면 우리가 진보해가면서 지나온 위치 또는 우리가 도달하고자 노력해야 하는 위치가 드러나게 됩니다. 그때 우리는 자책하지 않고 스스로에게 축하를

- - - - - - - - - - -

* 譯註: 1894년 2월 아이티에서 니카라과로 항해하는 중이었다.

건넬 수 있을 것입니다. 세상의 모든 진실이 우리의 신념 안에 집중되어 있지는 않습니다. 세상의 모든 햇빛이 우리 집 문턱에 집중되어 있지 않은 것과 마찬가지입니다. 우리는 항상 진실을 말해야 하되, 오직 사랑과 친절로 말해야 합니다. 진실은 언제나 사랑의 손길을 뻗어야 하며, 절대로 몽둥이를 든 손이어서는 안 됩니다.

진실에 대한 신념은 진실과 완전하게 친교를 맺기 위한 필수 조건입니다. 우리 각자는 올바름, 질서, 정의가 최후에는 승리한다는 것에 대해 완전한 확신과 자신自信을 가져야 하며, 하루하루의 삶이 아무리 어둡고 우울하더라도 모든 것이 신성한 완성을 향해 진화해가고 있다고 믿어야 합니다. 진리의 반석 위에 기초하지 않는 한 진정한 성공이나 영속적인 행복은 존재할 수 없습니다. 거짓말, 속임수, 음모에 기반을 둔 번영은 일시적일 뿐이며, 그것은 버섯이 참나무보다 오래 살 수 없는 것과 같은 이치입니다. 눈먼 삼손이 신전에서 몸부림치는 것처럼, 속임수에 근거한 삶을 사는 사람은 언제나 자신의 내면을 지지하는 기둥들을 끌어당겨 넘어뜨리고 폐허 속에서 파멸합니다. 그런 사람은 진실의 가치가 얼마나 크든지 관심이 없으며, 그것까지도 그저 흥정해서 헐값으로 손에 넣고 싶어 합니다. 다른 사람들의 거짓말은 결코 우리를 오랫동안 옥죌 수 없으며, 결국 거기서 풀려나기 마련입니다. 세바스토폴Sebastopol 포위전* 에서, 러시아군이 상대방 진지陣地를 파괴하려고 위협적으로 발사한 포탄들은 되려 산비탈에 숨겨진 물길을 뚫어 그들이 죽이려고 하던 목마른 사람들을 구했습니다.

『1855년 세바스토폴 포위전(Siege of Sevastopol 1855)』
(Grigory Fedorovich Shukaev, 1856년작)

- - - - - - - - - - - -

* 譯註: 크림전쟁(1853~1856년, 남하정책으로 세력을 확대하던 러시아에 영국, 프랑스, 오스만 제국 등이 연합하여 대항한 전쟁) 당시의 세바스토폴 공방전을 말한다.

진실에 도움이 되고, 진실이 앞으로 나아갈 수 있도록 노력하는 일은 진실과 교제하는 데 필수적인 부분입니다. 진실을 사랑하고, 진실을 추구하며, 진실에 대한 신념이 있다면, 자신은 비록 진실을 찾지 못하더라도 최소한 사람들에게 이러한 태도를 전파하려고 노력은 하지 않겠습니까? 진실의 힘을 강력하게 할 수 있는 세상에서 가장 확실한 방법은 모든 낱낱의 생각, 말, 그리고 행위를 진실하게 하며 사는 것입니다. 즉, 자기 자신이 진실의 빛을 발산하는 태양이 되어, 자신이 주는 무언의 영향이 진실을 대변하게 하고, 자신의 삶과 실천의 영역에서 최대한 직접적인 행동으로 진실을 찬미하는 것입니다. 도덕적으로 성장해서 남을 가르치거나 무언가를 해내는 것을 추구하기 전에, 먼저 자기 자신부터 '도덕적으로 성장한 사람'이 되는 것을 추구하십시오.

심지어 이 세상에 자신 이외에 살아 있는 사람이 전혀 없다 해도 그런 자기 자신과의 관계에서도 진실은 '내적內的' 미덕이라는 것을 깨달아야 합니다. 물론, 일상생활에서 진실이 그 사람으로부터 퍼져 나오면 '외적外的' 미덕이 됩니다. 진실은 첫째로 지적知的 정직성 즉, 참된 것을 알고 싶은 열망입니다. 둘째는 도덕적 정직성, 즉 올바른 삶을 살기 위한 갈망입니다.

진실은 단지 악의 결여를 말하는 것이 아닙니다. 그런 상태는 단지 도덕적 진공상태일 뿐입니다. 진실은 삶의 미덕이 살아 숨 쉬며 펄떡이는 호흡입니다. 단순히 잘못을 삼가는 것은 인생의 정원에서 잡초를 제거하는 것과 같습니다. 하지만 진정한 인생의 꽃들을 지키기 위해서는 그보다 더 나아가서 올바름의 씨앗을 심는 적극적인 행위로 이어져야 합니다. 다시 말해 십계명의 부정성에, 복음의 긍정성이 추가되어야만 성경이 되는 것과 같습니다. 즉 전자는 정죄하고, 후자는 칭찬합니다. 전자는 금지하고, 후자는 독려합니다. 전자는 행위에 초점을 맞추고 있고, 후자는 그 행동을 뒷받침하는 정신에 집중합니다. 전체로서의 진실은 이 둘 중 어느 한쪽에 있는 것이 아니라, 양자 모두에 있는 것입니다.

진실이 필연적으로 최후에 승리한다는 사실을 믿지 않고서는 사람은 진정으로 신을 믿을 수 없습니다. 만일 여러분이 진실의 편에 있다면, 총알도 들어가지 못하고 화살도 뚫을 수 없는 마법의 갑옷을 입고 있기라도 한 것처럼 비방과 왜곡, 욕설이 난무하는 어두운 골짜기도 아무런 두려움 없이 지나갈 수 있습니다. 여러분은 대담하고 당당하게 고개를 높이 든 채, 모든 사람을 침착하고 차분한 눈으로 바라볼 수 있습니다. 이는 마치 개선의 나팔 소리가 울려 퍼지는 가운데 수많은 깃발이 펄럭이고 병사들의 창이 반짝이는 군단의 선두로 승리한 왕이 자신의 성에 돌아오는 듯한 모습과도 같습니다. 여러분은 건전한 도덕성의 웅대한 파도가 여러분의 내면세계로 밀려 들어와 흐르는 것을 느낄 수 있습니다. 마치 스스로 자부할 만큼 육체적으로 건강한 사람이 자신의 몸에서 혈액이 원활하게 순환하고 있음을 느끼듯이 말입니다. 여러분은 모든 것이 결국 올바르게 될 것이며, '반드시' 그렇게 되리라는 것을 알게 될 것입니다. 즉 태양이 떠오르는 앞에 어둠이 허무하게 사라지듯, 잘못된 것들은 진실의 거대한 순백의 빛 앞에 도망쳐 사라진다는 것을 알게 됩니다. 여러분의 안내자이자 여러분의 동반자이며, 또한 여러분의 협력자이자 동기부여자인 진실을 통해서 하느님과 친교를 맺고 있다는 것을 자각하는 순간 여러분의 마음은 북받쳐 오르고, 인생의 모든 사소한 시련, 슬픔, 고통은 그저 꿈에서 보았던 환상, 즉 여러분 마음에 잠시 머물 뿐 여러분을 해칠 수 없는 그런 환상처럼 멀리 사라져 버릴 것입니다.

2

배은망덕을
마주할 수 있는
용기

...

배은망덕은 인간사에서 가장 흔한 죄로 양심의 망각이라고 할 수 있습니다. 그것은 거짓된 충실함이 얼마나 공허한지를 드러냅니다. 배은망덕을 저지르는 사람은 그것이 다른 모든 악행으로 향하는 가장 짧은 지름길이란 것을 알게 됩니다.

배은망덕은 복수보다 더 비열한 죄입니다. 왜냐하면 복수는 악을 악으로 갚는 것이지만, 배은망덕은 선을 악으로 돌려주는 것이기 때문입니다. 감사할 줄 모르는 사람은 여러분이 자신에게 선행을 베푸는 것을 용납할 수가 없습니다. 그들의 근시안적인 마음은 여러분에게 도움을 받은 것을 마치 여러분이 잘난척 한다고 생각하고 굴욕감에 분개하며, 그들의 치졸한 본성은 그런 원망스러운 느낌을 담

아두며 결국 증오와 배반을 일으키는 경우가 많습니다.

감사는 실제 행동으로 표현되는 고마움입니다. 그것은 정의감을 본능적으로 발산하는 것으로, 상대방에게 전달되어 새로운 생명과 에너지를 줍니다. 선의를 받았다는 마음의 인식은 말로 되갚을 수가 없습니다. 감사는 결코 그에 대한 대가를 계산하지 않습니다. 채권 채무 관계에 빗대자면, 친절의 빚이라는 건 어떠한 경우에도 결코 시효가 지나서 무효가 될 수 없으며, 영원히 탕감될 수도 없으며, 전액을 상환할 수도 없다는 사실을 알게 되기 때문입니다. 물론 그렇다고 그러한 친절이 할부로 갚을 수 있는 것도 아니며 그런 마음으로 감사를 하는 것은 무의미합니다. 반면 배은망덕은 아예 빚 자체가 없다고 생각하는 것입니다. 즉 감사란 친절의 씨앗이 꽃을 피우는 것이고, 배은망덕은 돌 위에 떨어진 씨앗이 죽어서 생명으로 피어날 수 없는 상태가 된 것을 의미합니다.

감사를 기대하는 마음은 인간적이지만, 배은망덕에도 초연할 수 있는 것은 거의 신적인 태도입니다. 우리 자신의 친절한 행위에 대해 상대방에게 인정받기를 원하고 감사를 갈망하며, 선이 선으로 돌아오는 단순한 정의를 바라는 것은 자연스러운 일입니다. 하지만 배은망덕을 감히 태연하게 마주할 수 있고, 자신의 선행에 대해서 고마움은 커녕 경멸이 돌아오더라도 자신의 정체성을 잃지 않고 자신의 길을 묵묵히 갈 수 있는 용기를 지닌다면 그때 사람은 비로소 진정한 삶의 존엄에 이를 수 있습니다.

사람은 자신의 행위에 대해서 판단하는 기준을 단 하나로 세워야 합니다. 그 기준이란 "내 행위의 결과가 어떻게 될 것인가?" 혹은, "어떻게 내 행위의 대가를 돌려받을 수 있을 것인가?"가 아니라 바로 "내 행위가 옳은 것인가?" 뿐입니다. 그런 다음 평온하고 용감하며 충실하게 그리고 망설임 없이, 오직 이 기준에만 부합하는 인생을 살아야 합니다. 자신의 이상과 동기부여를 모두 "올바른 목적에 맞도록"하며 사는 것입니다.

인간은 연료를 주입하면 자동으로 작동되도록 교묘하게 설계된 기계처럼, 몇 푼의 돈에 의한 자극이 있어야만 일정한 양의 빛을 방출하는 존재가 되어서는 안 됩니다. 인간은 빛, 따뜻함, 생명, 그리고 힘을 항상 발산하는 위대한 태양 그 자체와 같이 되어야 합니다. 이 속성들빛, 생명, 힘은 태양의 심장부를 가득 채우고 있기에 태양은 끊임없이 발산하지 않을 수가 없으며, 또한 태양은 끝없이 나누어주기 위해 그런 속성들을 품고 있습니다. 우리의 공감, 상냉함, 사랑, 감사, 영향력, 친절의 햇빛이 다른 사람을 환히 비춰주고 따뜻하게 해줄 수 있도록 언제나 우리 안에서 우러나오게 하십시오. 하지만 마치 영수증을 줄기차게 모으듯이 일생동안 자신의 선행에 대한 증표를 마음속에 모으느라 모든 것을 망쳐버리지 않도록 하십시오.

물론, 우리가 번창하던 시절에는 우리와 한 식탁에서 함께 식사하던 사람들이 우리가 불행에 처하게 되면 마치 역병을 피하듯 우리로부터 달아날 것을 알기란 어렵습니다. 그리고 우리의 삶을 의지해도 될 만큼 바위처럼 단단해 보였던 사람의 신뢰가 첫 시련이 오자마자 얇은 유리처럼 금가고 깨지게 되리란 걸 알기 또한 어려운 일이며, 우리가 힘들 때 우리의 손을 따뜻하게 감싸주던 우정의 불길이 차갑고 죽어버린 회색빛 재로 변해버리고 그저 잊지 못할 기억으로만 남게 되리란 것을 알기란 어렵습니다.

한때는 우리 애정의 보금자리 안에서 살았고, 마음을 열고 서로가 품은 목표와 열망을 나누었기에 무슨 푸른 수염의 방* 같은 비밀을 숨기고 있을 리는 없다고 믿어 의심치 않았으며, 서로가 나누는 모든 대화가 마치 둘 사이만 공

----

* 譯註: 동화 「푸른 수염」의 주인공인 '푸른 수염'이 아내를 맞이할 때마다 연달아 살해하고 시체들을 숨긴 방

유할 수 있는 대화인 것처럼, 그러한 솔직한 확신 안에서 살았던 사람이 사실은 몰래 거짓말과 배신으로 마치 우물에 독을 타듯이 우리의 평판을 깎아내리며 우리를 해치고 있었다는 것을 깨닫기란 어려운 일입니다. 하지만 배은망덕이 우리에게 얼마나 큰 상처를 주든 우리는 그저 흐느낌을 삼키며, 눈물을 억누르고, 차분하고 용감하게 미소를 지으면서 잊어버리려고 노력해야 합니다.

우리는 스스로 공정한 판단을 함으로써, 몇몇 사람들이 저지르는 배은망덕함 때문에 마치 온 세상 사람들도 다 똑같이 그렇다고 단정하는 마음을 갖지 않도록 해야 합니다. 몇몇 벌레 같은 인간이 잘못 행동했다고 해서 인류에 대한 우리의 믿음까지 다 마비되도록 내버려 둔다는 것은 그런 사람들에게 너무나 큰 희생을 바치는 일입니다. "사람은 '모두' 배은망덕하다"라고 말하는 것은 냉소주의자나 하는 거짓말이며, 또 "사람은 '모두' 돈이면 다 통한다"라고 말하는 것도 같은 부류의 거짓말입니다. 우리가 인간으로부터 선을 이루려면, 우리는 인간 본성을 믿어야 합니다. 모든 인류를 비열하다고 생각하는 사람은 자신의 내적 성찰을 객관적 관찰로 착각하는 비관주의자입니다. 그런 사람은 고작 자기 자신의 마음을 쳐다보면서 세상을 본다고 생각합니다. 즉 뭔가를 보고 있는 것 같지만 사실은 전혀 보지 못하고 있는 사시斜視 환자와도 같습니다.

신뢰와 신용은 사회의 주춧돌이며, 이는 비즈니스의 세계에서도 마찬가지입니다. 비즈니스에서 신뢰와 신용이 사라진다면 세계에서 행해지는 모든 사업과 기업 활동은 순식간에 멈추고 무너져 혼란에 빠질 것입니다. 한 사람으로부터 인류에 대한 신뢰를 제거하면, 그 사람은 숨 쉴 때조차 자기 자신만 생각하는 이기주의자가 될 뿐입니다. 그 사람은 자신을 이 세상에 남은 유일한 선한 사람으로 여기고, 자신이 베푼 호의를 받았던 몇몇 사람이 배은망덕했다는 이유로 생긴 자신의 사소한 원한을 세상을 향해 품는 데만 혈안이 될 것입니다.

누군가 어쩌다 위조지폐를 받았다고 해서, 그로 인해 즉시 모든 돈에 대해서 믿음을 잃어버리는 것은 아닙니다. 적어도 이 나라에서는 아직 그런 사례가 없습니다. 사나흘 동안 찌뿌둥한 날씨가 이어졌다고 해서, 그 누구도 "태양은 더 이상 존재하지 않는다. 전체 시간의 달력에서 밝은 날은 없어진 게 틀림없다"라고 말하지는 않습니다.

어느 날 아침 식사 중 어떤 음식이 입에 맞지 않아서 그것이 불쾌한 기억으로 여겨지더라도, 다시는 아침을 먹지 않겠다고 맹세하는 사람은 없습니다. 누군가 나무 밑에서 사과를 주웠는데 그 한쪽에 벌레 먹은 듯한 구멍이 있다고 해서, 과수원 전체를 비난하지 않습니다. 비난을 한다면 단지 구멍 난 사과에만 한정할 뿐입니다. 하지만 누군가 어떤 사람을 도와주었는데 나중에 감사가 돌아오지 않으면 그 사람은 자신이 상처받았다는 의식에 휩싸인 채 고개를 끄덕이더니 마치 솔로몬의 지혜라도 얻게 된 양 슬픈 목소리로 다음과 같이 말합니다. "나는 경험을 했고, 교훈을 얻었다. 이걸 마지막으로 나는 모든 사람을 믿지 않을 것이다. 나는 그 사람을 위해서 이렇게 해주었고, 또 저렇게도 해주었다, 그런데 지금, 돌아온 결과를 좀 보라지!"

그러고 나서 자신이 베푼 호의好意의 명세서明細書를 펼쳐서, 조심스럽게 항목들을 정리하더니 해당 사실을 기입해 넣습니다. 마치 공제 항목이 잔뜩 적힌 대도시 노동자의 급여명세서처럼 보일 정도입니다. 그런 사람은 고작한 사람의 부당함을 불평하면서 정작 자신은 온 세계를 불의不義로 대할 의향을 기꺼이 품습니다. 즉 그 개인의 잘못에 대한 벌을 세상이 받아야 한다고 여기는 것입니다. 우리가 사는 이 지구에는 이미 너무나 많은 희생적 수난이 있습니다. 굳이 한 사람이 저지른 배은망덕을 여기에 추가하려는 하찮은 시도까지 하면서 그러한 사례를 더 늘릴 필요가 없습니다. 어떤 사람이 술을 너무 많이 마신다고 해서 세상 전체를 감옥에 가두는 것이 절대적 정의는 아닙니다.

농부는 자신이 희망과 믿음을 가지고 심는 씨앗이 낱알마다 전부 비옥한 땅에 떨어져서 모든 열매를 수확할 수 있다고 기대하지 않습니다. 모든 씨앗이 전부 열매를 맺는 일은 있지도 않으며, 있을 수도 없다고 완전히 확신하고 있습니다. 농부는 낱알의 씨앗들 전부 수확할 수 있는가 없는가에 매달리는 게 아니라, 그중에서 최종적으로 그저 많은 씨앗이 열매 맺을 수 있게 되기를 기대할 뿐입니다. 여러분이 진정으로 감사를 원하고 그것을 받아야만 한다면, 기꺼이 많은 사람에게 호의를 베풀어 그들을 당신에게 감사를 빚진 사람들로 만드십시오.

누군가의 생애와 사명이 더 이타적일수록, 더 자애로워질수록, 그리고 더 높은 경지로 고양될수록, 배은망덕의 사례도 더 많이 여기에 상쇄되어 사라질 것입니다. 그리스도가 살아온 30여 년의 삶 자체도 배은망덕의 비극으로 점철되어 있습니다. 배은망덕은 강도强度의 면에서 세 가지의 단계로 세상에 나타납니다. 예수는 수없이 많은 쓰라린 사례에서 이 단계들을 모두 겪었습니다.

첫 번째 단계는, 가장 단순하면서도 흔한 단계인데, 별 생각 없이 감사할 줄 모르는 것입니다. 즉, 열 명의 나병 환자가 하루 만에 치유된 사건에서 나타난 것처럼, 아홉 명은 말없이 떠났고, 오직 '한 명'만이 감사를 표시했습니다.*

배은망덕의 두 번째 단계는 감사를 부인하는 단계인데, 이는 단순히 감사하지 않는 마음이 아니라 적극적인 죄입니다. 이는 베드로의 예를 보면 알 수 있습니다. 즉, 베드로는 그리스도에 대한 충성심을 발휘할 수 있던 순간에 두 하녀와 몇몇 보초병들 사이에서 위기를 모면하고자 하는 이기적 욕망으로 그의 주主에게 빚진 우정과 모든 은혜를 잊은 채, 한두 번도 아닌 세 번이나 예수를 모른다고 부인했던 것입니다.**

배은망덕의 세 번째 단계는 배신이며, 이기심이 앙심으로 발전하여 생깁니다. 이는 유다에게서 엿볼 수 있는데, 예수 제자단에서 회계일을 맡으며 존경받는 인물이었지만, 질투심, 배은망덕, 그리고 은전 서른 닢 때문에 예수를

- - - - - - - - - - -

* 루카 17,11—19

** 譯註: 마태 26,69-75; 마르 14,66-72; 루카 22,55-62; 요한 18,15-18.25-27

44

『성 베드로의 부인(否認)(The Denial of Saint Peter)』
(Caravaggio, 1610년작)

팔아넘겨 골고다의 비극에 이르게 했습니다.[*]

이렇듯, 배은망덕은 감사할 줄 모름, 부인, 배신의 이 세 가지 단계 유형으로 대략 설명할 수 있으며, 첫 번째 단계는 두 번째 단계로, 두 번째 단계는 세 번째 단계로 이끄는 경향이 있습니다.

우리는 인간적인 감사에만 매여있기보다는 그보다 더 높은 수준으로 올라가야 합니다. 그렇지 않으면 정말로

---

[*] 譯註: 마태 26,14—16; 마르 14,10—11; 루카 22,3—6

대단한 일도, 진정으로 고귀한 일도 할 수 없습니다. 감사에 대한 기대는 우리의 덕행에 질 낮은 금속을 합금시키는 것과 같습니다. 그런 기대는 심지어 우리가 할 수 있는 최선의 행동조차 무색하게 만들기 때문입니다. 대부분의 사람은 감사를 마치 미덕에 대한 보호관세처럼 여깁니다. 다른 사람들의 배은망덕 때문에 선행을 하려는 의지가 약해지는 사람은, 신을 섬기는 일도 급여를 받아야 할 수 있을 것입니다. 그런 사람은 자원봉사자가 아니라, 돈으로 고용된 용병이라고 할 수 있습니다. 즉 자신은 어떤 보상을 받기 위해서 일하고 있을 뿐이라는 사실을 솔직히 인정해야 할 것입니다. 그저 어린아이처럼 보너스를 위해서 좋은 행동을 할 뿐이라는 것을 말입니다. 그런 사람은 정말로 자신의 친절이나 어떤 다른 선량함의 표현조차도 그것을 받는 사람들이 배당금을 지불하는 한에서만 보유할 수 있는 도덕적 주식株式이라고 여깁니다.

이런 삶의 태도에는 항상 뻐기는 듯한 분위기가 서려 있어서, 늘 주위 사람들의 박수갈채를 고대합니다. 우리는 타인의 찬사가 아니라 옳은 것을 행하고 우리의 이상에 부응하는 삶을 살고자 하는 의식을 우리의 보상과 동기부여가 되도록 해야 합니다. 그렇지 않으면 인생은 우리에게 실패와 슬픔과 실망의 연속이 될 것입니다.

그런데 우리가 살면서 배은망덕으로 여긴 사례들을 잘 살펴보면, 그것들은 대부분 우리 자신의 행위는 과장하고, 다른 사람들의 행위는 과소평가하는 것에서 기인합니다. 다시 말해 우리는 스스로가 행한 어떤 일의 중요성을 과대평가했을지도 모릅니다. 우리가 행한 일들은 가장 사소하고 순전히 우연적이었을지도 모르지만, 마치 물레의 작용처럼 시간이 흐르면서 우리의 호의를 받는 사람에게 놀랍고도 예기치 않은 결과를 가져왔다는 식으로 말입니다. 따지고 보면 우리의 행위가 타인의 성공에 동기부여가 된 것은 결코 아니더라도 우리는 그 성공에 자부심을 느끼며, 우리 자신도 놀라울 정도의 감사를 받아 마땅하다고 생각하는 경향이 다분합니다. 물론 우리가 길을 걷다가 만난 어떤 우연한 기회가 시작점으로 작용하여 그것이 무한한 경우의 수를 거치면 우리의 친구가 백만장자가 되는 경우도 있습니다. 그런 시작점조차도 일면 필연적이었을지도 모르기 때문에 우리는 감사를 받아 마땅할지도 모르지만, 그렇다고 그 친구가 자신이 부유하게 된 것이 그 시작점 덕분에 이어졌다면서 순순히 우리에게 감사할 것으로 생각한다면 그것은 단단히 착각하는 것입니다.

진정한 친절의 본질은 무엇보다도 그 친절을 행하는 우아함에 있습니다. 어떤 사람들은 그들이 호의를 베푸는 방식 때문에 안 그랬으면 온전히 받을 감사를 스스로 깎고 있으며, 심지어는 상대방으로 하여금 감사의 마음이 드는 게 불가능해지도록 만드는 듯합니다. 여러분은 그런 사람들을 보면 너무 속 좁고, 너무 비열하고, 또 너무 열등하다고 느끼면서, 여러분이 찾던 도움을 하필 그런 사람들에게서 받았다는 데 대하여 화가 치밀어 얼굴이 달아오를 지경이 됩니다. 여러분은 그 사람에게서 받은 호의가 마치 개에게 던져준 뼈다귀에 지나지 않았다고 느낍니다. 여러분이 원래 기대했던 것은 여러분이 감사의 표현을 하기도 전에 그 사람이 여러분 마음을 재빨리 공감하고 미소 지으면서 도움을 줄 수 있어서 기뻤다고 말하며 여러분의 감사를 한사코 만류하는 친절한 모습이었을 것입니다. 어떤 사람에게 호의를 베풀되 그 호의를 받고 있는 상대방을 마치 뜨거운 난로 위에 있는 벌레처럼 안절부절못하게 느끼도록 만드는 사람은 앞으로 감사를 받을 권리가 없습니다. 오히려 용서를 받을 수 있다면 그것만으로도 만족해야 합니다.

우리가 지금까지 해온 선행들이 무색할 만큼 더 훌륭한

일들을 지금 함으로써, 과거의 선행들은 잊어버립시다. 이것이야말로 진정한 관대함이며, 이렇게 하면 우리의 도움을 받은 사람이 이기심에 완전히 사로잡혀 있지 않은 한 그 사람의 영혼에는 감사가 저절로 자라나게 될 것입니다. 하지만 그 사람에게 여러분으로부터 받은 호의를 끊임없이 상기시키는 것은 빚을 그냥 전부 탕감해주는 것이나 마찬가지입니다. 자기가 갚아 나가야 할 채무를 신경 쓰는 것은 빚이 있는 사람의 특권이어야 합니다. 여러분이 나서서 그 채무를 상기시킬 때 여러분은 그 사람의 특권을 빼앗고 있는 것입니다. 단지 누군가에게 도움을 줄 좋은 기회가 있었다고 해서 우리는 마치 그 사람에 대한 불멸의 저당권을 가지고 있기라도 한 것처럼 행동해서는 안 되며, 우리 앞에서 영원히 찬미의 노래를 불러주길 기대해서도 안 됩니다.

단지 인간 본성이 가지는 미묘한 양상을 잘 모르기 때문에 어떤 행위를 배은망덕으로 생각하는 경우도 우리에게는 흔합니다. 간혹 사람의 마음속에는 말로 표현할 수조차 없는 감사함이 가득 차 있으며, 바로 그 넘치는 감사의 마음을 단순히 말로 표현한다는 게 그 사람에게는 보잘것없고, 미약하고, 불충분하게 느껴지기에 차라리 침묵을 지키기도 합니다. 그로 인해 그 침묵이라는 웅변의 깊이가 오해되곤 하는 것입니다. 또한 그렇게 말로 되갚을 수 없어 침묵을 지킨다고 생각하게 되면 그것이 그 사람에게는 묘한 자부심이 되기도 합니다. 진실한 고마움을 표현하지 못하는 것은 영리한 행동이라고 볼 수는 없지만, 오히려 진정한 감사일 수도 있기 때문입니다. 즉, 그 사람은 자신의 감사를 현실로 만들 기회를 기다렸다가 실제 행동으로 표현할 때까지는 아무 말도 하지 않겠다고 결심합니다. 외양은 옻나무를 똑 닮았지만 알고 보면 사람에게 아무런 해도 주지 않는 어떤 식물을 자연에서 볼 수 있는 것처럼, 참된 감사의 마음이 가장 비열한 배은망덕의 모습을 닮는 경우도 셀 수 없이 많습니다.

어떤 사람은 여러분이 더 이상 필요하지 않다고 항의하느라 배은망덕한 행동을 합니다. 또 어떤 경우에는 그것이 여러분의 호의가 중단된 것에 대한 반항적 표현일 수도 있습니다. 사람들은 누군가에 대해서 평가를 다 끝낼 때까지는 배은망덕한 행동을 거의 하지 않습니다. 물론 감사의 표현이 넘친다고 해서 그걸로 자신이 받은 친절의 빚을 약속어음에 정한 금액을 결제하듯 갚을 수 있는 것은 아닙니다. 감사의 표현은 뭔가를 종결하기 위해 하는 것이 아니라 하나의 시작일 뿐입니다. 과장된 말로 하는 감사는 일반적으로 다른 모든 표현 방법에 비해 경제적입니다.

　세상에 행해진 어떠한 선한 행위도 결코 사라져 버리지 않습니다. 과학은 모든 물질의 원자는 절대 파괴될 수 없으며, 어떤 힘이 일단 시작되었다면 절대로 끝나지 않고 단지 끊임없이 변화하는 복잡한 양상을 거칠 뿐이란 사실을 밝혀낸 바 있습니다. 다른 사람에게 행해진 모든 선한 행위는 시간과 영원을 통해 끝없이 고동치기 시작하는 위대한 힘입니다. 우리는 그것을 모를 수도 있고, 또 그에 대해서 감사나 인정의 말을 전혀 들을 수 없을지도 모릅니다. 하지만 결국 모든 것은 마치 메아리가 돌아와 응답하는 것과도 같이 자연스럽고, 온전하고, 필연적으로 우리에게 어떤 형태로든 되돌아올 것입니다. 우리가 기대했던 그대로는 아닐 수도 있겠지만, 노아가 방주에서 보낸 비둘기가 초록빛 계시의 잎을 가지고 돌아왔듯이 언제이든, 어디에서든, 어떤 방식으로든 그것은 반드시 돌아옵니다.

　우리가 어떤 친절을 받게 된다면 우리는 단순히 한 사람뿐만이 아니라, 온 세상에 빚을 진 사람이 된다는 생각을 갖고, 가장 크고 가장 아름다운 마음으로 감사를 품도록 합시다. 우리가 살면서 매일 수천 명에게 편안함, 기쁨,

『방주로 돌아온 비둘기(The Return of the Dove to the Ark)』
(John Everett Millais, 1851년작)

위로, 그리고 축복을 빚지고 있는 것처럼, 우리는 모든 사
람에게 친절을 베푸는 것만이 빚을 갚을 수 있는 유일한

방법이라는 것을 깨닫고, 단순히 생각 안에서만이 아니라 삶의 자세와 외적인 행동으로 끊임없는 표현을 시작하도록 합시다. 다른 누군가 진저리날 정도로 비겁하거나 배은망덕하더라도, 그것을 너무 심각하게 여기지 않고, 너무 엄격하게 비난하지도 않으며, 다만 우리 자신의 삶에서 영원히 지워버리고, 우리가 살아가는 매 순간은 감사의 향기가 퍼지도록 합시다.

3

공중 성채에
사는 사람들

...

공중 성채에서 산다는 것을 수익으로 비유하자면 무지개에 절반 정도의 지분을 소유하고 있는 것과도 같습니다. 그리고 영양가에 비유하면 꿈에서 12가지 코스의 저녁 식사를 하고서 얻을 수 있는 영양과 다르지 않습니다. 공중 성채는 황금같이 귀중한 시간으로 지어졌기에, 오직 그 재료에만 가치가 있을 뿐 완성된 건축물은 전혀 가치가 없게 됩니다.

공중 성채의 분위기는 막연한 희망과 이룰 수 없는 이상으로 가득 차 무겁고 멍합니다. 그 속에서 인간은 언젠가, 어디서든, 어떻게든 자신에게 찾아올 장밋빛 햇살이 비치는 미래를 꿈꾸게 됩니다. 즉, 아무 행위도 하지 않으면서 자신이 하게 될 위대한 업적, 자신이 발휘하게 될 큰 영향력, 그리고 자신이 소유하게 될 막대한 부 따위를 꿈꾸기만 하는 것입니다. 공중 성채에 대한 건축 구조상의 오류는 그 성의 주인이 그것을 지을 때 목적의식과 에너지의 견고한 기반에서 '위를 향하여' 쌓아 올린 게 아니라, 뜬구름 위에 있는 금박 입힌 성탑에서부터 '아래 방향으로' 쌓는다는 것입니다. 이는 마치 정신세계에 피어난 연꽃잎을 탐닉하는 것과도 같으며, 각성제라기보다는 수면제를 복용하는 것이라도 할 수 있습니다.

야망이라는 것은 지칠 줄 모르는 에너지와 결합할 때 훌륭하고 좋을 뿐 그 자체로는 별 의미가 없습니다. 자기 자신을 더 높이 끌어올려 주는 건 자기가 성취하고 싶은 것이 아니라, 오직 성취하려고 노력하는 것뿐입니다. 야망이 가치를 가지려면 그것이 열정과 결단력, 그리고 이상을 이루기 위해 바쳐진 에너지로 드러나야 합니다. 이렇게 해서 힘을 보강하고 결합한다면, 그런 부실한 허공의 성 따위는 녹아 사라져 버리고 대신 각자는 단단한 바위로 새로 튼튼한 기반을 세워 그 위에 나날이 돌을 하나씩 쌓아 올리면서 삶-일의 강력한 중추 구조를 시간과 영원을 통해서 지속할 수 있습니다. 공중 성채는 시공자施工者는 없고 건축가만 있는 작품이라고도 할 수 있습니다. 즉, 계획만 있고 실행이 되지 않는다는 뜻입니다. 사람들은 우리에게 인간은 자기 운명의 건축가라고 말합니다. 하지만 사람이 단지 건축가일 뿐이라면 자신의 삶에 있어서 단지 공중 성채만을 만들 게 될 것입니다. 따라서 사람은 건축가이자 시공자이어야만 합니다.

미래에서만 사는 것이 바로 공중 성채에서 사는 것입니다. 내일이란, 노력은 하지 않고 몽상에만 빠져버린 노력가의 꿈이 묻히는 무덤입니다. 내일은 더 새롭고 더 나은 삶을 맞이할 거라고 말하고, 또 미래에는 위대한 것들을 해낼 것이라 약속하지만, 그러한 미래를 실현하기 위해 정작 현재에는 아무것도 하지 않는 사람은, 공중 성채 안에서 살고 있습니다. 그 사람은 오만하게도 기적을 행하려고 합니다. 물을 포도주로 바꾸고, 씨앗을 뿌리지도 않고 수확하고자 하며, 시작도 하지 않고 결과를 얻으려고 합니다.

우리의 삶을 웅대하고, 고귀하며, 견고하고, 난공불락이라 할 수 있을 만큼 가치 있는 것으로 만들고 싶다면, 우리는 공중 성채를 버리고 실천의 기반을 마련해야 합니다. 이상을 품은 사람은 모두 그 이상이 주는 빛과 영감 속에서 살 권리가 있습니다. 즉, 피곤한 여행자가 돌아갈 고향의 환한 이미지를 떠올리면 자신의 걸음이 경쾌해지고, 고된 여정이 더 짧게 느껴지듯이, 성취의 기쁨을 마음 속에 그릴 권리가 있다는 것입니다. 하지만 노력가는 미래에 대해서 결코 걱정을 해서는 안 됩니다. 동기부여 이외에는 생각할 것도 없습니다. 마치 항해사들이 항로를 결정하기 위해 자신이 할 수 있는 한 최선으로 성실하게 별을 살펴보면서 지혜롭게 항해계획을 세워 미래를 대비하는 것과 같은 마음을 가져야 합니다.

우리의 가능성을 완전하게 발휘하면서 하루하루를 살아갑시다. 사람은 삶에서 단 하루, 바로 오늘이라는 단 하루밖에는 누릴 수 없습니다. 어제 '살았었고', 내일도 '살아 있을지' 모르지만, '살고 있는' 건 오늘밖에 없습니다.

정신적, 육체적, 도덕적, 물질적, 영적으로 참된 삶을 사는 비결은 다음의 한 문장으로 표현할 수 있습니다.

'여러분이 가진 몫에 맞게 사십시오.' 이것이 바로 공중 성채를 난공불락의 요새로 바꾸는 마법의 공식입니다.

사람들이 큰 부를 얻게 되면 무엇을 할 것인가를 생각할 때 너그럽고 관대해지곤 합니다. 그들은 마치 캐러멜이 입 안에서 녹아내리듯 달콤한 말투로 이렇게 말합니다. "내가 백만장자라면, 나는 영재에게 장학금을 지원하고, 대학을 설립할 것이며, 훌륭한 병원도 세우고, 영구 임대

주택을 지을 거야. 나는 이 세상에 진정한 자선이 무엇인지 보여줄 생각이거든." 아, 이 모든 것이 쉽고도 또 쉽습니다, 이 대리 자선 행위는 어차피 내 재산이 아니라 다른 사람들의 재산을 지출하는 것이니까요! 최신 통계에 따르면, 우리 중 백만 달러를 가지고 있는 사람은 거의 없지만 우리 모두 그중 일부는 갖고 있습니다. 그렇다면 우리는, 우리 몫에 맞게끔 살아가고 있습니까? 또 우리는, 우리가 가진 것을 관대하게 씁니까?

천 달러를 가진 이기적인 사람에게 백만 달러가 생긴다고 해서 갑자기 그 사람에게 천사적인 관대함의 날개가 생기지는 않습니다. 관대한 정신이 공허한 자랑이 아니라 우리 각자가 실제 그렇다면, 우리에게는 매 순간 그 관대함을 드러낼 기회는 얼마든지 있습니다. 친절은 돈으로 표현할 필요가 전혀 없습니다. 그것은 인간적인 관심의 미소, 공감의 빛, 슬픔에 빠져있거나 곤경과 싸우고 있는 사람과 유대감을 형성하는 말, 어려운 처지에 있는 사람에게 도움을 주는 본능적인 손길로 드러낼 수 있습니다.

가난하기 때문에 이웃에 대한 자애의 정신을 증명할 수 없는 사람은 아무도 없습니다. 자애의 정신이야말로 신의 자비가 얼마나 귀하고 또 경이롭도록 아름다운지 짐작해

볼 수 있게 합니다. 그로 인해 얼마나 자주 우리의 동기가 행위로 잘못 표현되는지, 또 죄, 슬픔, 고통이 얼마나 왜곡되고 잠재된 선을 위장하고 있는지 깨닫게 되며, 재치 있는 척하지만 조잡하기 짝이 없는 냉소 대신 부드러운 관용의 말을 하게 됩니다. 우리가 "쓸" 현금을 줄 만큼 부자가 아닐지언정, 적어도 "쓴" 말은 하지 않을 만큼 마음의 부자가 됩시다.* 우리가 본 적도 없는 수백만 달러를 너무나 보람있게 소비하였다면서 얼빠진 자화자찬만 하는 공중성채를 떠나서, 아무리 사소한 것이라도 우리가 가진 것들에 완전히 부응하여 살아갈 수 있도록 자존감을 높입시다. 사랑, 밝음, 다정함, 부드러움, 친절, 지지, 용기, 공감으로 우리를 둘러싼 세계를 가득 채웁시다. 마치 그것들만이 유일한 법정 통화인 것처럼, 또 우리 자신은 몽테크리스토 백작처럼 그러한 금빛 보물들이 숨겨진 곳을 알고 있어서 마음만 먹으면 언제든지 사용할 수 있는 것처럼 말입니다.

더 이상은 "만약 내가 그렇게 된다면"이라는 말을 하지 마십시오. 대신 항상 "나는 지금"이라고 말하십시오. 가정법으로 사는 것을 그만두고 직설법으로 살아가는 인생을

----

* 譯註: 원문에서는 "cold, hard cash(현찰)"와 "cold, hard word(냉혹한 말)"를 대비시켜서 언어유희를 구사하고 있다.

시작합시다.

자신이 이행하지 못한 의무들에 대한 책임을 추궁받을 때 쓸 수 있는 아주 유용한 변명 중 하나가 바로 "시간 부족"입니다. 사람들은 대부분 자신이 사용하는 것보다 더 많은 시간을 낭비한다는 사실을 생각한다면, 시간이 없다고 끊임없이 아우성치는 것처럼 한심한 일이 없습니다. 물론 시간은 사람에게 귀중한 유일한 재산입니다. 시간이 없다면 사람이 가진 모든 힘은 소멸해버리기 때문입니다. 그러나 사람은 자기의 위대한 보물을 마치 무가치한 것인 양 함부로 낭비하고 있습니다. 전 세계의 모든 재산을 다 합하여도, 단 1초를 구입하는 것조차 불가능합니다. 그런데도 사회 저명인사들조차 대놓고 "시간을 죽인다"라는 말을 합니다. 다른 모든 원인들을 다 합친다 해도, 시간의 가치를 오판하는 것만큼 많은 사람들을 공중 성채에서 살도록 만든 것은 없습니다. 인생 자체가 시간입니다. 영원이란 것도 단지 좀 더 긴 시간이며, 불멸도 단지 끝없는 시간을 살 수 있는 사람의 권리일 뿐입니다.

"도서관만 있다면 독서를 할 텐데"라며 공중 성채에 세들어 사는 어떤 사람이 가냘프게 우는소리를 합니다. 그런데 이미 가지고 있거나 혹은 빌려서라도 읽을 수 있는 두세 권의 좋은 책을 읽지 않는 사람이라면, 대영박물관을 그 사람의 침대 머리맡에 가져다 놓고 영국군에게 박물관 책꽂이에서 책을 골라서 그 사람에게 주도록 임무를 수행하도록 한다 해도 그 사람은 독서를 하지 않을 것이 분명합니다. 만약 진정으로 자신에게 주어진 기회들에 충실하게 살기 원했다면, 선정적인 신문 기사를 읽는 데 버리는 시간을 훌륭한 책을 읽는 데 바칠 수도 있었을 것입니다.

일상의 사소한 시련, 슬픔, 실망을 용감하게 견뎌내는 데는 자기가 가진 용기의 일부도 쓰지 않으면서, 큰 용기를 과시할 수 있는 인생의 어떤 위기를 갈망하는 사람은 공중 성채에 사는 사람입니다. 그런 사람은 강인한 독수리들이 둥지를 틀고 있는 산속 바위들을 동경의 눈빛으로 쳐다보면서 그런 멋진 새가 되었으면 하는 몽상이나 하면서도, 거드름을 피우며 감히 그들의 비행법에 대해서 불평까지 하다가, 자신이 만약 비행할 수 있었다면 메달을 받을 정도로 훨씬 훌륭하게 날았을 것이라며 혼자서 으스댈 것입니다. 사람이 매일의 일상을 용기 있게 살아갈 수 있어야만 위급할 때도 모든 힘을 다 쏟을 수 있으며, 유사시에 언제든지 스스로가 '반드시' 그렇게 할 수 있다는 자신감이 생기는 것입니다.

공중 성채는 사람으로 하여금 쓸데없고 모호한 것들을 위해 진정한 삶은 저버리도록 만드는 모든 망상 또는 어리석음을 상징합니다. 사람이 공중 성채 안에서 살아가다 보면 인생을 잘못된 시각으로 바라보게 됩니다. 그런 사람은 자신의 저열한 자아가 더 우월한 자아를 지배하도록 허락합니다. 즉 자신의 더 나은 본성을 파괴하려고 위협하는 인간의 약함, 죄와 어리석음 위에 압도하는 강력한 정복자가 나를 노예로 만드는 수갑에 손목을 내어주고 마는 것입니다. 이는 마치 일시적인 안락함이나 세속적인 사치를 위해서 왕가의 혈통을 팔아넘기고 스스로 왕의 지위를 잃어버리는 것과 같이, 단지 부, 성공, 지위, 또는 세상 사람들의 찬사를 위해서 자신에게 가장 소중한 가치들을 너무나 많이 희생합니다. 즉 망상뿐인 공중 성채를 위해서 자기 정체성이라는 왕위를 포기하는 것입니다.

또한 나폴레옹의 망토 같은 번지르르한 자만심으로 자신을 감싸고, 자기최면에 걸려 자신이 다른 모든 사람보다 우월하다고 믿으며, 무대 위를 멋지게 홀로 누비는 자신의 모습을 세상 사람들이 모두 오페라 안경을 쓴 채 집중해서 하염없이 바라본다고 생각한다면, 빨리 깨어나는 게 좋습니다. 이런 사람은 공중 성채에서 살고 있으니까요. 나르

시스처럼 자신의 모습과 사랑에 빠진 채 세상의 위대한 일들은 자기만 할 수 있다고 생각하는 사람에게서는 자만심이 마치 지니의 요술 램프에서 나오는 연기처럼 솟아올라 퍼져서 이 세상을 가리고 차단합니다. 그런 사람도 공중성채에 사는 사람입니다.

『나르시스(Narcissuss)』(Caravaggio, 1600년경 작품)

전 인류가 자신을 반대하는 음모를 갖고 있다고 믿고, 세상에서 자신의 삶이 가장 힘들다고 느끼며, 누구에게나 찾아올 수 있는 근심, 슬픔, 시련들 때문에 자신의 찬란한 태양 같은 행복이 빛을 잃게 하고, 자신에게 주어진 은총과 축복을 보지 못하는 사람이 있다면, 이 사람 역시 공중 성채에서 살고 있는 사람입니다.

거울을 볼 때마다 세상에서 가장 아름다운 피조물이 보인다고 생각하며, 우아하고 고귀한 삶의 유산을 허세, 질투, 어리석음, 천박함, 사회적 겉치레와 교환하는 사람 또한 공중 성채에서 살고 있습니다.

자신의 부를 자기의 종으로 여기는 게 아니라 하느님으로 모시고, 어떤 대가를 치르더라도 부자가 되겠다고 결심하며, 그리고 단지 돈다발을 쌓아 올리기 위해서 정직, 명예, 성실, 인품, 가족 등 자신이 소중히 여겨야 할 모든 가치를 기꺼이 희생하려고 하는 사람은 고급 모피로 만든 예복을 두르고 있다고 한들 공중 성채에 살고 있는 부유한 거지일 뿐입니다.

극도로 보수적이어서 어항 안의 금붕어처럼 일상의 잡무 외에는 아무런 계획도, 이상도, 포부도 없이 가짜 뉴스에 빠져 사는 사람은 대개 허영심은 커서 자신의 진취성 부족이 드러나는 줄도 모르고 어디서 주워들은 케케묵은 말을 자신의 생각인 양 말하고 다닙니다. 고차원적 의미에서 보면, 의무에 충실하다는 것은 인생을 체념하듯 질질 끌려가는 게 아니라 가능한 한 자신의 가능성을 최대한으로 발휘하며 계속 더 높은 직무를 성취해내려는 목표로 향하게 된다는 것을 이 사람은 깨닫지 못하고 있습니다. 기계도 사람처럼 직무를 수행할 수는 있지만, 진짜 사람은 단순히 직무를 수행하는 이상으로 언제나 더 높은 수준으로 능력을 발휘하고자 노력합니다. 즉 이렇게 기계 수준에 머물러 있는 사람은 공중 성채에 살고 있습니다.

그런 사람은 정직하고 진중한 목적의식을 지닌 사람들을 깔보며 비웃는데, 이러한 목적의식을 가진 사람들은 자신의 목표가 아주 멀리 있어 보이더라도 그것을 성취하고자 기꺼이 묵묵하게 노력하며, 어떤 난리와 격변이 일어나든, 기쁜 일이 있든, 슬픈 일이 있든, 날마다 부지런히 일하며 만족합니다. 그리고 대부분의 상황이 대부분 암울하고 아주 조금씩밖에는 나아지지 않더라도, 세상에 자신의 모든 노력이 쌓여나가고 있기에 끝까지 용감하게 싸울 수 있는 용기만 있다면 '반드시' 결과가 나타날 것이라는 숭고한 확신이 있습니다. 이러한 사람들은 공중 성채에서 살고 있지 않습니다. 이들은 단지 자신의 유산을 차지하기 위해 운명과 싸우고 있을 뿐이며, 비록 원하는 모든 것이 완전하게 보상으로 돌아지지 않더라도 그들의 투쟁으로 인해 성품이 굳건하게 됩니다.

과거의 잘못을 후회하거나 잃어버린 기회를 슬퍼하느라 자신에게 맡겨진 새로운 나날을 자랑스러운 미래로 되살리지 못하는 사람은 삶의 영광을 크게 잃어가고 있습니다. 단지 몇 년 전의 만나* 를 잘못 써버렸다는 이유만으로 매일 주어지는 새로운 삶의 만나를 거부하고 있는 것입니다. 이는 두 배로 현명하지 못한 일입니다. 왜냐하면 이 사람은 자신의 과거 경험을 통한 지혜를 가졌으면서도 단지 쓸모없고 병적인 후회에 가로막혀 깨달음을 얻지 못하고 있기 때문입니다. 이런 사람도 공중 성채에서 살고 있을 뿐입니다.

한때 소유했던 부나 잊혀버린 명성을 아쉬워하며 한탄으로 시간을 보내는 사람, 자신의 과거 업적과 위대함이 묻힌 묘지에 새로운 기념비를 세울 황금 같은 시간을 날려버리면서, '예전의' 자신은 이러지 않았다면서 '현재' 자신

---

* 譯註: 이스라엘 민족이 이집트를 탈출하여 가나안 땅을 찾아 굶주림을 겪을 때 야훼가 날마다 내려주었다고 하는 양식

「사막에서 만나를 거두는 이스라엘 백성(The Israelites Gathering Manna in the Desert)」
(Peter Paul Rubens, 1626~1627년경 작품)

의 모습을 허구한 날 질책하는 사람은 공중 성채에 살고
있습니다. 한 사람에게 그리고 이 세상에 새로운 희망과
결심이 들어 있는 알이 단 한 개라도 있다면, 이는 새 생명

으로 태어날 놀라운 가능성이 있기에, 죽은 꿈이나 실현되지 않은 야망이 든 알이 가득 찬 둥지가 천 개 있는 것보다 훨씬 위대합니다.

직설법적 현재에서 자신이 앞으로 나아가고 발전하는 길에 장애물로 놓인 채 삶을 가장 진실하고 고상하게 살지 못하도록 방해하는 모든 것이 바로 그 사람의 공중 성채입니다.

어떤 사람들은 나태의 공중 성채에 살고 있습니다. 또 어떤 사람들은 방탕, 교만, 탐욕, 기만, 억견, 걱정, 무절제, 불의, 편협함, 꾸물거림, 거짓말, 이기심, 또는 삶의 진정한 의무와 권리를 앗아가는 무언가 다른 정신적 혹은 도덕적 특징의 공중 성채에 살고 있습니다.

우리 각자가 시간 대부분을 보내는 공중 성채가 무엇인지 알아낸다면 우리 자신을 재창조할 수 있습니다. 고결한 자세를 가지고 지칠 줄 모르는 태도가 있으면 공중 성채의 속박은 반드시 타파할 수 있습니다.

사람이 공중 성채에서 자신의 몇 시간, 며칠 혹은 몇 주씩을 보내다 보면, 가냘픈 거미줄 가닥 같은 허상적 구조들이 점차 덜 허상적으로 느껴지며 그것은 해가 지남에 따라 점점 더 단단해지기 시작하더니 마침내 견고한 벽이 되어 그 사람을 둘러싸게 됩니다. 그렇게 되면 습관에 젖어 들어감으로써 자신의 공중 성채가 탈출할 수 없는 감옥으로 변해버렸다는 섬뜩한 깨달음에 소스라치게 놀랍니다.

그리고 그제야 다른 모든 것들보다도 제일 기만적이고 위험한 것이 바로 공중 성채라는 것을 알게 됩니다.

칼과 칼집

...

　주州와 국가에는 해군 또는 육군을 승리로 이끈 지휘관에게 감사의 뜻으로 가장 명예로운 증표인 칼을 수여하는 관습이 있습니다. 미서전쟁美西戰爭* 이 끝났을 때 필라델피아 사람들이 슐리 제독** 에게 수여한 칼의 가격은 3천5백 달러가 넘었으며, 그 비용의 대부분은 칼집에 박힌 보석과 장식에 쓰였습니다. 약 반세기 전, 슐리 제독의 이름을 있게 한 인물인 윈필드 스콧 장군*** 은 루이지애나주로부터

----

* 譯註: 쿠바 문제로 미국과 스페인이 충돌한 전쟁. 1898년 4월 21일 시작되어 같은 해 8월 13일 미국의 승리로 끝났다.

** 譯註: 윈필드 스콧 슐리(Winfield Scott Schley, 1839~1911). 미 해군 제독으로 미서전쟁의 영웅이다. 그의 삼촌 헨리 슐리(Henry Schley)는 1812년 전쟁에서 윈필드 스콧(Winfield Scott) 장군의 휘하에서 복무하였는데, 이것이 그가 '윈필드 스콧'이라고 이름 지어진 계기가 되었다.

*** 譯註: 윈필드 스콧(Winfield Scott, 1786~1866). 미 육군 장군이자 정치가였다. 1812년 전쟁, 미국-멕시코 전쟁, 남북전쟁 등에서 활약하였으며 미국에서는 '위대한 노병(Grand Old Man of the Army)'이라는 별명으로 칭송받는다.

아름다운 칼을 받았을 때, 그 칼의 어떤 점이 마음에 드냐는 질문을 받았습니다.

그는 "이 칼은 정말이지 아주 훌륭합니다"라고 대답하고는 바로 이어서, "하지만 다르게 만들어졌다면 더 좋았을 것이 하나 있습니다. 바로 각인된 글자인데, 이는 칼집이 아니라 칼날에 새겨야 합니다. 전쟁 중에 칼집까지도 빼앗길 수 있지만 칼만은 결코 빼앗기지 않을 테니까요"라고 덧붙였습니다.

『윈필드 스콧의 초상화(A portrait of Winfield Scott)』
(Robert Walter Weir, 1855년작)

세상은 인생의 칼집에 너무 많은 시간과 돈, 에너지를 소비하느라 정작 칼에는 너무나 적은 시간을 할애합니다. 칼집은 겉치레, 허영, 과시를 나타내는 반면, 칼은 본질적 가치를 나타냅니다. 칼집은 언제나 겉모습이고, 칼은 실체입니다. 칼집은 일시적인 것이고, 칼은 영원한 것입니다. 칼집은 육신이고, 칼은 영혼입니다. 칼집은 삶의 물질적 측면을 대표하고, 칼은 진실, 영적인 것, 이상理想을 대표합니다.

용감하게 자신의 소신을 따르지 못하고 여론의 금송아지 앞에 엎드린 채 사회가 무슨 말을 할지에 매달려 공포에 떨며 살아가는 사람은 가식적이고 공허한 삶을 살아갈 뿐입니다. 즉 자신만의 높은 이상과 조화를 이루며 삶을 살 수 있는 신성한 권리를 비겁하고도 비굴한 두려움 때문에 희생시키고 있는 것입니다. 자기 목적을 위해 뚜렷한 목소리를 내는 게 아니라, 그저 다른 사람들이 내는 수천 개 목소리의 희미한 메아리 역할만 하고 있을 뿐입니다. 그 사람은 자기 인생의 칼을 검광이 번뜩이도록 닦고 날카롭게 갈아서 실전에 사용하는 게 아니라, 쓸모도 없는 칼집에다 자신의 어리석음을 상형문자로 느릿느릿 장식하고 있습니다.

분수에 넘치는 삶을 살고, 현실과 타협하느라 자기 미래를 저당 잡히며, 정의롭기보다는 후해 보이고 싶어 하고, 윗사람들에게 잘 보이기 위해 모든 것을 희생하고 있는 사람은 삶에서 정말로 많은 부분을 잃고 있습니다. 그런 사람도 역시 칼은 녹이 슬도록 내버려 둔 채 칼집만 장식하고 있는 사람입니다.

인생은 다른 사람들과의 경쟁이 아닙니다. 참된 의미에서 인생이란 우리 자신과의 경쟁입니다. 우리는 매일 어제 우리 자신이 세운 기록을 깨려고 노력해야 합니다. 우리는 나날이 더 강하게, 더 낫게, 더 진실하게 삶을 살도록 노력해야 합니다. 즉, 어제의 약점을 극복하고, 과거의 어리석은 짓들을 고치며, 자기 자신을 뛰어넘기 위해서 하루하루 애써야 합니다. 삶이란 바로 이러한 노력의 과정일 뿐입니다. 그리고 각자가 의도하는 진보, 끝과 한계가 없는 진보는, 인간을 다른 모든 동물과 차별화하는 위대한 점 중 하나입니다. 그렇기에 우리는 세상 사람들의 인정으로 칼집 위에 장식을 수놓는 일 따위에 결코 신경을 뺏겨서는 안 됩니다. 그것은 예쁘기만 하고 쓸모가 없습니다. 우리는 올바름과 진실을 수호하기 위해 목적의식의 칼날을 날카롭게 유지해야 한다는 사실을 명심하되, 이는 결코 다른 사람의 권리를 해치기 위해서가 아니고 우리 자신과 우리 주변 사람들의 잘못을 바로잡기 위해서라는 사실을 인식해야 합니다.

평판이라는 것은 세상이 생각하는 그 사람의 모습일 뿐이며, 인품이야말로 그 사람의 진짜 모습입니다. 평판은 이 사람 저 사람 사이를 오가며 달라질 수 있습니다. 하지만 한 사람의 인품은 오로지 그 사람만의 것입니다. 자기 자신 외에는 그 누구도 자신의 인품을 해칠 수 없습니다. 인품은 칼이고, 평판은 칼집입니다. 많은 사람들이 자신의 평판을 지키는데 골몰하느라 잠도 못 이루는 반면, 자기 인품에 대해서는 아무런 걱정도 하지 않습니다. 즉 사람들은 대부분 자신들의 평판이라는 칼집에 기만적인 금줄 장식을 깊게 새기려고 하다가 그 안에 있는 인품이라는 칼이 움푹 패는 줄도 모릅니다. 평판은 사람이 영원한 삶을 위해 현세를 떠나면서 버려야 하는 껍질일 뿐입니다. 그때 가지고 갈 수 있는 건 자신의 인품밖에 없습니다.

이웃을 위한 자선 기부에 수천 달러를 쓰면서도 정작 이웃들의'잘못을 단죄할 때는 엄격하고 자비심이 없으며, 추상적인 인간의 죄와 약함에 대해서는 감상에 빠지듯 공감하지만 정작 누가 자신에게 실수라도 하면 교만하게도 자신이 전능하기라도 한 양 혹독한 비난을 퍼붓는 사람은 겉으로만 자비로울 뿐입니다. 이 사람은 자신의 손으로 하는 좋은 일을 혀로 취소시키고 있습니다. 세상의 관심이라는 칼집을 장식하는 데 너무 열심이어서 진정한 인간애의 칼을 생각할 수 없는 것입니다.

수전노가 될 정도로 탐욕을 품고, 금의 유일한 기능은 통용 수단임에도 아무 쓸모 없이 그것을 쟁여놓는 데만 집착하며, 되려 삶의 필수품들을 사치품처럼 여기는 사람은 너무 심각하지 않게 유머로 순화해서 표현하자면 자연의 아이러니 중 하나라고 말할 수 있습니다. 그런 사람은 인류가 속한 자연사自然史 전체에서 가장 분류하기가 어려운 동물인데, 사실 그런 부류의 사람들에겐 아주 많은 미덕이 있습니다. 바로 야망, 절약, 검소함, 끈기, 의지력, 금욕, 목표에 대한 충실함, 후세를 위한 넉넉한 준비 등이 그 두드러진 예입니다. 이렇게 고귀한 자질들을 잘못 적용하여 망치고 있는 것입니다. 다시 말해 인생의 칼보다는 칼집이 자신의 전문 분야가 되어버린 것입니다. 자신의 나날을 순금 칼집을 만드느라 허비하지만, 정작 그렇게 화려한 칼집에 들어갈 것은 싸구려 양철로 된 헛된 삶의 칼입니다.

어떤 사람이 벼락부자가 되어 얄팍한 허세와 허풍만 일삼고, 사치와 방탕함에 빠져 산다면, 이는 칼날을 개선하지 않고 칼집만 금박으로 도금한 것과 다름이 없습니다. 겉으로만 세련된 치장을 해본들 오히려 타고난 천박함을 더 돋보이게 할 뿐입니다. 그것은 목공품에 광택을 많이 낼수록, 나뭇결이 더 많이 드러나는 것과 같은 이치입니다. 물론 어떤 사람들은 갑작스럽게 부를 얻게 되더라도 세심한 훈련을 통해 진정한 품위를 얻을 수 있는 지혜를 발휘합니다. 이것이야말로 칼집을 보석으로 수놓기보다는 칼이 제 기능을 하도록 하는 진정한 방법입니다.

단지 돈이나 직함을 위해 결혼하는 사람은 새로운 세기* 에 등장한 현대판 에사우Esau** 와도 같습니다. 즉 자신의 타고난 사랑의 권리를 공허한 명성의 죽 한 그릇에 팔며, 참된 인간이라면 인생에서 가장 소중히 여겨야 할 사랑의 가능성을 단지 금 보따리나 왕관을 위해 스스로 박탈당하는 것입니다. 그러면서 칼집에 깃털 장식이 있는 문장紋章을 새기고 보석과 순금들로 치장합니다. 이것만으로도 삶은 충

----

* 譯註: 당시 새롭게 시작된 20세기를 말한다. 본 서적은 1902년에 출간되었다.

** 譯註: 구약 성경에 나오는 이사악(Isaac)의 맏아들. 맏아들의 권리를 죽 한 그릇에 아우 야곱(Jacob)에게 팔아넘겼다.

분하다고 만족하며, 세상에 자기 혼자만 존재하는 게 아닌데도 이 세상을 낙원으로 만드는 진정한 사랑 같은 것은 필요 없다고 느낍니다. 정작 사람들이 결혼을 하는 단 하나의 진정한 이유와 정당성이 무엇인지 깨닫지 못하고 있습니다. 그것은 바로 사랑이며, 그 밖의 모든 동기 부여는 이유가 아니라 단지 구실일 뿐이라는 사실을 말입니다. 세상이 노골적으로 쓰는, "상대방이 가진 돈 때문에 결혼한다"라는 말은 사실 잘못된 말입니다. 그런 사람은 돈 때문에 결혼하는 것이 아니라 돈 그 자체와 결혼할 뿐이며, 배우자는 재산에 대한 방해물 또는 저당물로 여길 뿐입니다.

"내일"이라는 감미로운 노래에 흠뻑 빠져 당장 해야 할 일을 지체하고 있는 사람은 자기 인생의 가능성을 줄이는 가장 쉽고 편안한 방법을 따르고 있습니다. 지체한다는 것은 뒤로 미루고자 하는 답답한 행위이며, 무기력으로 결단력을 죽이는 것입니다. 그것은 원하는 항구를 향해 용감하게 노를 젓는 대신 시간의 강 위를 떠내려가고 있는 것과도 같습니다. 이는 또한 새로운 작업은 시작도 안 한 채 모래시계 속의 모래가 아래로 떨어지는 것만 하염없이 지켜보다, 모래가 다 떨어지면 다시 뒤집고 관찰하기를 반복하는 모습과도 같습니다. 이렇듯 사람이 해야 할 일을 미루는 것은 명백하게 어리석은 일입니다. 즉 그 사람의 삶이 일시 정지될 수 있다손 치더라도 그 순간조차 모래시계의 모래는 떨어지는 과정을 멈추지 않습니다. 자신만 그것을 깨닫지 못할 뿐입니다.

미룬다는 것은 기운을 마비시키는 마취약입니다. 알렉산더 대왕은 어떻게 세상을 정복할 수 있었는가에 대해 질문을 받았을 때 다음과 같이 대답했습니다. "미루지 않았기 때문이오." 오늘 해야 할 일을 내일로 미루지 맙시다. 우리 마음이 오늘 해야 한다고 말하는 것은 우리 마음과 몸이 반드시 실행해야 합니다. 오늘이 우리가 잡고 사용해야 하는 칼이며, 내일은 매일 새로운 오늘의 칼을 뽑을 수 있는 칼집에 불과합니다.

무언가 중요한 일을 약간 해냈다는 이유로 그로 인한 작은 권위를 대단히 자랑스럽게 여기고 고압적이고 거만한 분위기를 풍기는 사람은, 삶에 대하여 참된 시각을 잃어가고 있습니다. 그 사람은 유머 감각이 없으며, 자신을 무겁게만 여깁니다. 마치 2달러짜리 칼을 넣는 1천 달러짜리 칼집과도 같습니다.

질투의 죄를 범한 사람은 인류 역사상 가장 오래된 악덕이자 인간의 가장 비열하고 가장 가증스러운 특성에 희생당해버린 사람입니다. 질투는 에덴동산에서 사탄이 아담과 하와를 부러워하던 때 시작되었습니다. 그것은 인간으로 하여금 처음으로 살인죄를 저지르게 하며 인류를 타락시켰습니다. 즉 카인은 질투에 못 이겨 동생 아벨을 살해하였던 것입니다. 질투는 역설적인 악이라고 할 수 있습니다. 질투에 휩싸이면 다른 사람이 잘되는 것을 보지 못합니다. 다른 사람이 즐거워하는 것을 보면 정신장애를 일으키며, 다른 사람이 벨벳을 입고 있는 것을 보면 자신의 옷은 누더기같이 여기게 됩니다. 질투란 다른 사람의 아름다움, 명예, 성공, 행복, 또는 승리를 악의적으로 바라보는 것입니다. 그것은 남의 성공에 대하여 자신의 열등감이 던지는 진흙 뭉치입니다. 질투는 충족되지 못한 야망이 곪아 터지는 질병이며, 목적의식을 갉아먹고 에너지를 죽여없앱니다. 그것은 이기주의가 움트는 씨앗입니다. 그래서 언제나 자신이 성공하지 못한 원인을 자기 바깥에서 찾습니다.

질투는 칼집이지만, 경쟁은 칼입니다. 경쟁은 다른 사람의 성공을 객관적 교훈으로 여깁니다. 즉, 다른 사람의 승리를 보면 왜 성공할 수 있었는지 그 이유와 성공을 가능케 한 방법을 찾으려 합니다. 경쟁은 성취를 이룬 사람의 탁월한 방법을 폄훼하지 않으며, 자신도 방법을 찾아 그 사람과 똑같이 높은 곳에 도달하려고 노력합니다. 우리는 경쟁이라는 칼이 질투라는 칼집 안에 방치된 채 무뎌지고 녹슬게 하지 말고, 정직한 노력을 통해 빛나고 날카롭게 만들어야 합니다.

세상 최악의 어리석음이자 인간의 마음이 가라앉을 수 있는 가장 슬픈 심연은 무신론입니다. 소견머리 좁은 불신자들의 터무니없는 철학을 믿고, 과학적 발견에 대한 해석을 왜곡하면서 자신의 신을 속이는 사람은 너무나 가엾습니다. 이들은 자신이 처한 모든 문제에 관한 답을 찾고자 읽은 책들에서 논리라고 펼치는 몇몇 교묘한 궤변에 자신의 신앙을 못박아버립니다. 그리고는 끔찍한 이기주의 때문에 본성과 삶 안에 있는 백만 가지 신의 증거들을 보려고도 하지 않습니다. 단지 신의 전능함에 의한 모든 계획이 자신에게는 분명하게 와 닿지 않는다는 게 그 이유입니다.

그리고 기술적으로 이해가 되지 않는 어떤 사안을 들면서, 자신은 절대로 신을 믿지 않겠다고 단언합니다. 아마도 죄와 슬픔, 고통과 불공평함이 세상에 존재하는 이유 등에 대하여 그러한 태도를 가질 것입니다. 이런 사람들이 자신은 하늘의 전부를 볼 수 없기 때문에 머리 위에 하늘이 있음을 믿지 않지 않는다고 하거나, 숨 쉬는 공기도 보이지 않는다는 이유로 그 존재를 불신하거나, 자신의 시야가 대양大洋에서 단지 몇 마일까지밖에 못 미치므로 대양의 실체에 의문을 가지거나, 생명은 눈에 보이지 않으며 어떤 해부학자도 예리한 메스로 사람 속을 갈라서 생명을 입증할 미묘한 실체를 발견하지 못했다는 이유 때문에 생명 자체를 부정하더라도 이상할 게 없습니다.

신은 수없이 자신의 존재를 드러냈건만, 그 사람은 감히 신을 믿지 않습니다. 자신은 창조주를 완전히 확신할 수 없고, 신이 창조한 우주의 기본 도면을 살펴보고 조사할 수 있는 권한이 자신에게 없다는 게 그 이유입니다. 이렇게 불신심不信心의 너저분한 칼집에 신앙의 칼을 꽂아 넣습니다. 그리하여 해가 떴다가 지는 일상의 기적에서도, 계절이 변하는 것에서도, 새가 날고 꽃이 피는 것에서도, 영원한 율법의 명령에 따라 무수한 별이 움직이는 것에서도, 사람의 마음에 현존하는 사랑과 정의와 진실에서도, 지고至高에 대한 인간의 선천적인 확신이 문명과 가장 동떨어진 야만인들조차도 어떤 형태로든 신을 숭배하게 만드는 것에서도 하느님의 증거를 보지 못합니다. 천박한 논리에서 나온 하찮은 자만심 때문에 영광스러운 신앙의 칼을 그에 맞지도 않는 불신심이라는 칼집 속에 가려지도록 하는 것입니다.

칼과 칼집의 철학은 개인들에게 해당하는 만큼이나 국가에도 해당합니다. 19세기에 프랑스가 드레퓌스에게 오명을 씌워 유배시키는 큰 범죄를 저질렀을 때, 정의의 외침에 귀를 막고 국가의 수치를 더 큰 수치로 덮고자 함으로써 국가의 죄악이라는 칼집에 국가의 명예라는 칼을 꽂아 넣어버렸습니다.* 즉 잔혹하게도 부대원이 도열한 가운데 드레퓌스의 칼을 부러뜨리고 강등시킨 사건은, 정의라는 칼은 깨뜨려버리고 아이러니하게도 "정의여 영원하라"라고 각인된 빈 칼집만 정성껏 보존한 프랑스라는 국가의 타락을 상징적으로 나타냅니다.

우리가 위험에 닥쳤을 때 칼집은 항상 쓸모가 없습니다. '그때' 우리가 의지해야 하는 것은 바로 칼 그 자체입니다. 바로 그때, 허세, 과시, 가식, 그럴듯하게 포장된 약점이 우리 앞에 드러납니다. 그리고 바로 그때, 삶의 사

----

* 譯註: 이 책이 출간되기 7년 전인 1895년, 프랑스 육군 포병장교 드레퓌스(Alfred Dreyfus)는 스파이라는 누명을 쓰고 프랑스령 기아나의 악마섬(Île du Diable)으로 유배되었다. 이 '드레퓌스 사건'은 당시 프랑스뿐만 아니라 세계적인 이슈가 되어 대서양 건너 미국에서도 큰 논쟁을 불러왔으며, 저자는 미국인의 입장에서 프랑스 국가주의의 폭력을 비판하고 있다. 드레퓌스가 재심으로 무죄를 선고받은 것은 1904년의 일이다.

『반역자: 알프레드 드레퓌스의 강등식(The traitor: Degradation of Alfred Dreyfus)』
(Henri Meyer, 1895년 1월 13일자 『Le Petit Journal』에 실린 삽화)

소한 문제들에서도 그것들의 진상眞相을 볼 수 있게 됩니다. 진짜인 것, 검증된 것, 참된 것이 아닌 공허한 것들이 무엇인지 즉시 다 드러납니다. 그러면 우리는 우리의 삶이 칼을 깨끗하고 날카롭게 갈고 닦는 참된 준비 과정이었는지, 아니면 단지 낭비된 인생의 빈 칼집에 매일매일 나태하고 무의미하게 어리석음을 장식하는 과정이었는지 깨닫게 됩니다.

예방할 수 있는
문제의 극복

...

인간들이 없어진다면, 이 세상은 아주 살기 좋은 곳이
될지도 모릅니다. 정말로 모든 문제를 일으키는 것이 인
간이며, 인간에게 있어서 최악의 적은 언제나 인간입니다.
인간이 다른 인간에게 자신의 죄에 대한 책임을 떠넘기기
시작한 건 에덴동산 시절부터였으며, 그 후로 줄곧 그렇게
해오고 있습니다.

인생 속 고통, 슬픔, 불행의 대부분은 순전히 인간의 발
명품인데도 비겁한 인간은 불경하게도 그 책임을 신에게
떠넘깁니다. 그것들은 법칙, 즉 자연적, 육체적, 시민적,
정신적 또는 도덕적 법칙을 어기면서 발생합니다. 인간들
은 이러한 법칙들을 알고 있으면서도 이를 무시하고, 위반
할 기회를 엿보며, 어떤 식으로든 결과를 피해 갈 수 있다

고 생각합니다. 하지만 자연은 "법칙을 어기면 그 대가를 치른다"라고 말합니다. 신성한 인생의 법전에 사문화死文化된 법률 따위는 없습니다. 횃불 행렬이 화약고를 통과해 행진하도록 허가를 내린 사람이 그다음에 일어난 폭발에 대해서 "신의 섭리가 작용한 일"이라며 그 탓을 신에게 돌리는 것은 온당한 태도가 아닙니다.

세상에 일어나는 슬픔, 불운, 불행의 9할은 예방할 수가 있습니다. 일간 신문은 피할 수 있었던 불행에 우리가 지배당해온 연대기를 기록하는 위대한 사가史家입니다. 우리는 사건, 재난, 범죄, 추문, 인간적 나약함과 죄악 등 어두운 기사의 각 단락, 각 행에 "예방할 수 있었음"이라는 말을 적어가면서 쭉 읽어 내려갈 수 있을 것입니다. 각각의 사례마다 우리에게는 정보가 충분했으며, 우리의 분석은 충분히 예리했고, 우리는 사건마다 각각 그 원인을 이미 추적해 들어갈 수 있었습니다. 사태를 그렇게 만든 취약점이나 잘못까지 말입니다. 때로는 그 원인이 경솔함, 무관심, 의무 태만, 욕망, 분노, 질투, 방탕, 신뢰에 대한 배반, 이기심, 위선, 복수, 부정직일 때도 있습니다. 이것들은 전부 예방할 수 있는 수백 가지 양태들 중 하나입니다.

'예방할 수 있는' 것은 '예방해야만' 합니다. 모든 것은 우리 각자에게 달려있습니다. "예방할 수 있는 문제들"은 다음의 세 가지 단계로 존재합니다. 첫째는 그것이 전적으로 그리고 직접적으로 각자 자신으로부터 기인하는 경우이고, 둘째는 자기 주위에 있는 다른 사람의 잘못된 행위를 통하여 고통받는 경우이며, 셋째는 사회의 잘못 때문에 불필요하게 희생된 경우 즉, 자신이 인류의 어리석음을 무고하게 상속받은 경우입니다. 사회는 과거로부터 물려받은 예절, 관습, 법의 유산을 물려받은 수많은 개인들의 모임일 뿐입니다.

어쩌다 다른 누군가의 질투, 악의, 배신으로 인해 우리의 손안에 있는 것처럼 보였던 행운이 슬그머니 사라져 버리고 실패를 마주하게 되면 우리는 마음 아파하고 또 지쳐버립니다. 삶을 내내 어둡게 하고, 희망의 별을 우리의 시야에서 사라지게 하는 슬픔의 무게에 눌려서 우리는 고개를 푹 숙입니다. 또는 어리석고 무기력한 절망에 빠져서 겪지 않아도 될 불행을 맞이합니다. 그러면 우리는 이렇게 말합니다. "다 잘못되었어. 잔인하고 부당해. 어떻게 이럴 수 있는 거지?" 그리고, 바로 그런 우리 감정의 격렬함 안에서, 우리는 그렇게 짤막하게 되뇌는 게 무슨 안도감이라도 주는 것처럼, 마치 어떻게든 우리를 달래줄 수 있기라도 한 것처럼 거의 무의식적으로 그 말들을 몇 번이고 반복합니다. 하지만, 대부분의 경우에 불행들은 예방될 수 있습니다. 세상의 어떤 고통도 옳은 것에 의해서 생기지는 않습니다. 예방할 수 있는 슬픔이라면 그게 무엇이건 간에, 어떤 부조화나 잘못에서 비롯된 것입니다.

신이 다스리는 우주에서 악, 고통, 고난의 대부분은 필연적인 게 아닙니다. 설령 이 사실을 완전히 무시한다고 해도, 만약 우리의 지식이 완전하다면, 그런 악, 고통, 고난 중 필연적인 건 아무것도 없으며 모든 건 예방할 수 있다는 것을 아마 알게 될 것입니다. 잘못은 항상 나에게 있거나, 여러분에게 있거나, 아니면 세상에 있습니다. 언제나 각각 그러합니다. 세상 자체는 여러분과 저처럼, 살았거나 살고 있는 수많은 사람의 생각, 말, 행위들이 응집한 연합체라고 볼 수 있습니다. 예방할 수도 있었던 문제들을 막지 못하고 슬픈 사건들이 생기는 건 우리 각자가 쌓은 중대한 잘못들 때문입니다. 따라서 우리는 그러한 잘못들을 줄이고 옳은 방향으로 변화시켜야 합니다. 우리에게는 우리와 별로 관련이 없는 문제점에 대해서는 여론을 불러일으키거나 이를 개선하는 활동에 참여하는 데 그다지 관심을 두지 않는 경향이 있는데, 이 또한 상당히 잘못된 부분입니다.

옛날 그리스 신화에는 아프리카의 왕 아틀라스가 자신의 어깨 위에 세계를 짊어진 채 서 있게 된 이야기가 나오는데, 이 이야기는 현대에도 적용이 가능합니다. 오늘날 세계의 운명을 짊어지고 서 있는 아틀라스는 바로 우리 '각자'입니다. 각자 모두가 최선을 다하도록 합시다. 그러면 결과는 달라질 것입니다. 이렇게 각자가 자기 몫을 다하는 일은, 그 개인이 속한 집단이 재난을 당하지 않도록 하는 문제와도 직결됩니다. 모든 책임이 자신에게 있는 것처럼 각자가 자신의 역할을 충실히 수행하되, 동시에 모든 책임이 마치 다른 사람들에게 있기라도 한 것처럼, 차분하고, 온화하고, 평온한 마음을 가지십시오.

대부분의 사고는 예방할 수 있습니다. "누군가 실수를 저질렀다"* 라는 말로 상징되는 발라클라바Balaclava 전투** 에서도 마찬가지였습니다. 존스타운 홍수는 19세기에 일

----

* 譯註: 알프레드 테니슨(Alfred Tennyson)이 1854년에 쓴 서사시 「The Charge of the Light Brigade」에 나오는 구절

** 譯註: 크림전쟁 당시 1854년 10월 영국과 러시아가 벌인 전투. 무능한 영국군 지휘관으로 인해 '경기병 여단 돌격 사건'이라는 참극이 일어났다.

어난 가장 큰 재난 중 하나인데, 댐* 이 터지면서 6천 명 이상이 목숨을 잃었습니다. 그 홍수는 단순한 사고가 아니라 범죄였습니다. 계곡의 상류에 있는 댐에 물이 새고 있었는데, 사고가 생기기 1년 전부터 이미 수압이 증가할 경우 견뎌낼 수 없다는 사실이 알려져 있었습니다. 계곡 아래에는 4만 5천 명의 주민이 사는 마을이 물이 범람하면 직접적으로 해를 입을 위치에 모여 있었고 폭우가 쏟아지자 약해진 댐은 결국 무너지고 말았습니다. 만약 '한' 사람이라도, 즉 사우스 포크 피싱 클럽** 에서 근무하는 직원 한 명이라도 용감하게 자기 의무를 수행했었다면, '한' 명의 직원이라도 댐 벽을 안전하게 보수하자고 동료들과 공공의 행동을 부추길 용기가 있었다면, 6천 명 이상이 목숨을 잃는 참사는 일어나지 않았을 것입니다.

기관차 기사가 과로에 지쳐 피곤한 채로 운행하느라, 수면 부족을 이기지 못하고 근무 중 조종석에서 깜빡 잠들어서 위험 신호를 보지 못하거나, 폭음신호爆音信號*** 에 주의

----

* 사우스 포크 댐(South Fork Dam)

** 譯註: South Fork Fishing and Hunting Club, 존스타운의 홍수 당시 사우스 포크 댐을 소유했던 회사의 이름이다.

*** 譯註: 열차가 통과하면 뇌관이 폭발하는 폭음으로 열차가 급정차하도록 하는 신호 방법

『경기병 여단의 돌격(Charge of the Light Brigade)』
(Richard Caton Woodville Jr., 1897년작)

를 기울이지 못하여 그만 열차가 전복하게 되었다면, 그것
은 전능하신 하느님의 탓이 아닙니다. 그것은 단돈 2달러
의 인건비 지출을 아끼기 위한 어느 철도회사의 처절한 노
력이 만들어낸 끔찍한 결과물일 뿐입니다. 약간의 예방조
치는 한 사람의 목숨이 희생당하는 것을 막을 수도 있습니
다. 인간을 기계로 여기고 인간의 영혼이나 육체의 존재

를 망각함으로써 얻어지는 미미한 경비 절약을 인간 생명의 안전과 신성함과 동등하게 저울질하는 것은 범죄입니다. 사실 정의롭고 현명한 노동법도 예방할 수 있는 문제들과 싸우기 위한 사회적 무기의 일부입니다.

끔찍한 화재가 발생하여 도시를 폐허로 만들고 온 국가를 비통에 빠뜨리고 나면, 그 이후 행해지는 원인 조사에서는 약간의 선견지명만 있었어도 그것을 막았을 것이고, 그 모든 끔찍함을 적어도 줄일 수는 있었다는 것이 밝혀지는 경우가 대부분입니다. 어떤 건물에 화학 물질이나 다이너마이트를 현명한 법 규정에서 안전하다고 인정한 정도를 초과하는 수량을 보관했다면, 이에 관련된 사람들은 대단히 부주의했을 것입니다. 어쩌면 이 건물을 점검했던 조사관들이 뇌물을 받고 규정 위반을 눈감아주는 배임행위를 한 것이 문제였을 수도 있습니다. 사망자 중 상당수는 화재 대피소가 부족해서 그만 생명을 잃게 되었다거나, 건물주의 탐욕으로 인해 잘못 설계된 구조에 갇혀 화재에서 탈출하지 못하였다는 게 밝혀질 수도 있습니다. 이렇게 원인이 밝혀지면 대중들의 분노는 격렬해지고 신문들은 관련자들을 처벌하라는 비판의 목소리를 높입니다. 우리는 매일 이런 말을 듣습니다. "현행 법령의 미비로 이런 상황을 규율할 수 없으므로, 이 같은 비극이 반복되지 않도록 새로운 법률이 제정될 것입니다." 정치인은 온갖 종류의 개혁을 약속하며, 모조리 뜯어고치자는 분위기가 사회 전반에 가득 찹니다. 대중의 분노는 "병적인 흥분"이라는 단어로 표현해도 그리 과하지 않을 정도의 상태까지 온도가 올라갑니다.

그러다가 시간이 흘러 끔찍했던 사건도 그저 지난 일처럼 여겨져 공포감이 희미해지기 시작하면, 사람들은 조용히 자신들의 개인적인 관심사와 할 일로 되돌아갑니다. 그리고 그토록 강렬하던 정의로운 항의의 거센 파도는 어느새 잔잔해져 해안가에서 부드럽게 찰싹이는 물결이 되어 사그라듭니다. 모든 사람이 관심을 기울였던 문제가 곧 아무도 신경 쓰지 않는 일처럼 되어버리는 것입니다. 관계 당국 또한 해당 사건에 대하여 엄청난 에너지를 쏟았지만 결국에는 마치 술에 취한 사람의 몸짓과도 같이 되어버립니다. 즉 황소까지 쓰러뜨릴 듯한 기세로 어깨를 들썩거리기 시작하지만, 곧 제풀에 지치더니 손으로 나비를 쫓을 정도의 힘도 없이 축 늘어집니다. 원래 세상은 항상 조금씩 진보하고 미미하게 발전합니다. 그래서 이러한 단계들이 끊임없이 세상에 축적되어야만, 예방할 수 있는 문제들을 더 잘 극복해낼 수 있게 됩니다.

지속적인 대비 태세를 유지할 수 있는 것은 예방할 수 있는 문제들을 극복함으로써 얻게 되는 대가입니다. 인간의 지혜가 제안할 수 있는 모든 예방책을 전부 다 실행해 보기 전까지는, 어떤 잘못이나 악이 세상에 나타나는 건 어쩔 수 없다고 인정할 권리는 우리에게 아직 없습니다. 매킨리* 대통령과 악수하려고 줄을 선 사람들 틈에 권총을 든 오른손을 수상쩍은 손수건으로 어설프게 가린 남자 또한 그 행렬을 따라 움직이고 있었습니다. 그는 대통령에게 다가가 왼손을 내밀면서 오른손으로는 방아쇠를 당겼습니다. 미국 국민들의 최고통치자인 대통령의 가슴을 향해서 그 남자가 총을 발사하기 전에, 국가가 그들의 통치자를 보호하기 위해 봉급을 주고 고용한 비밀 경호원들은 그런 비극이 일어나지 못하도록 열심히 경계를 해야 했습니다. 이전에 이미 두 명의 대통령이 암살로 희생당한 바 있었지만, 20년이 지나는 동안 대비하는 마음이 가물가물 무뎌져 안심하게 되었고, 이는 경계심을 누그러뜨렸습니다. 우리는 "특히 위험등급이 높은" 어떤 위험 요소가 있으면 가입

- - - - - - - - - - -
* 譯註: 윌리엄 매킨리(William McKinley, 1843~1901). 미국의 제25대 대통령.

『매킨리 대통령 암살 사건(Assassination of President William McKinley)』
(T. Dart Walker, 1905년경 작품)

을 거부하는 보험 회사의 예를 본받을 필요가 있습니다.

인생에서 빈곤이 필요한 곳은 없습니다. 빈곤은 인류의 나약함, 죄악, 이기심 때문에 발생하는 질병입니다. 자연의 관대함에는 한계가 없습니다. 세상은 모든 사람에게 각각 충분한 음식과 의복, 쉴 곳을 제공합니다. 빈곤은 예방할 수 있습니다. 물론 빈곤이 한 개인의 무기력, 나태함, 무절제, 낭비, 목적의식 부족 또는 악행에서 비롯되는 것일 수도 있습니다.

빈곤의 원인이 개인에게 있는 게 아니라면, 그 원인을 중산층의 행태에서, 주위 사람들의 잘못에서, 자본에 의한 노동의 억압에서, 그리고 노동자를 혹사하는 기업들이 개인을 갈아 넣는 과정에서도 찾을 수 있습니다. 한 사람은 다른 사람이 범하는 잘못의 수천 가지 양태 중 어떤 것의 희생자가 될 수도 있기 때문입니다. 저소득 계층에서 일어나는 빈곤 문제는 인간의 법과 제도의 취약함 및 부당함에서 온 것으로, 그 원인을 바로잡기 위해서는 모든 개인이 시간을 할애하고 함께 단합하는 용감한 노력이 필요합니다.

빈곤을 퇴치하고자 하는 데 있어서, 가난한 자가 부유한 자에게 적대감을 느끼도록 선동하고 노동자와 자본가 사이의 불만을 조장하는 글을 쓰는 작가는 양자 모두에게 심각한 잘못을 저지르고 있습니다. 세상이 필요로 하는 것은 양자가 인류 형제애의 유대 안에서 더욱 가까워지도록 하는 것입니다. 가난한 자는 부유한 자들의 배려, 책임, 기록되지 않은 자선 활동, 그리고 그들이 몰두하는 걱정거리들에 대해 더 많이 배워야 합니다. 또한 부자들은 빈곤한 자들의 슬픔, 궁핍, 몸부림, 절망을 더 세밀하게 배워야 합니다.

　범죄를 예방하는 가장 좋은 방법은 바로 범죄를 창궐하게 만든 사회학적 조건들을 연구하고, 가능하다면 쉽게 잘못에 빠지게 되는 요소를 제거하고, 또한 다른 사람들이 줄 수 있는 도움에 힘입어서 용감하게 삶의 도전에 맞서 싸울 수 있도록 격려하여, 사람들 각자가 참다운 삶을 살 수 있도록 더 나은 기회를 주는 것입니다. 이것이 바로 세상이 배워가고 있는 위대한 진리입니다. 과학은 나뭇가지에 열매가 열리듯 나타나는 범죄를 없애기보다는, 악을 뿌리에서부터 물리치기 위해 종교와 힘을 합치고 있습니다. 치료하는 것보다는 예방하는 것이 훨씬 더 현명합니다. 화재가 없었으면 생기지도 않았을 상처를 치료하기 위해 새로운 습포제를 발명하는 것보다 누군가가 화상을 입지 않도록 미리 화재를 막는 것이 훨씬 낫습니다.

　인간의 비참함을 구성하는 낱낱은 언제나 하찮은 것들입니다. 세상의 모든 야생 동물들을 다 합쳐도 그것이 인간에게 주는 피해는, 병충해의 습격에 비하면 아무것도 아닙니다. 인류의 범죄, 우리를 겁에 질려 뒷걸음질 치게 만드는 그 죄악들은 개인 그리고 그와 같은 수백만 명의 다른 개인들이 매일 겪어야 하는 수많은 작은 죄들만큼 인생에 많은 슬픔과 불행을 초래하지는 않습니다. 그것들이 작위 혹은 부작위* 이든 그러합니다. 그것들은 법이 규율하거나 처벌할 수 있는 악한 행위들이 아니라, 인간이 자기 양심의 재판장 앞에 머리를 숙이고 서게 될 때까지는 결코 단죄할 수 없는 무수히 많은 사소한 잘못들에 지나지 않습니다.

우리가 너무나 쉽게 입에 담는 분노와 비방의 쓰라린 말들은, 말하는 순간 우리에게 일시적 만족감을 줄지 모르지만, 그 말을 듣는 우리와 가까운 누군가는 그로 인해 일생 전체의 흐름까지 변해버릴 수도 있습니다. 눈치나 공감 능력이 부족함을 드러내며 우리가 내뱉은 경솔한 언사는 돌이킬 수도 없으며, "생각 없이 한 말일 뿐이다"라고 변명해도 아무 소용이 없습니다. 상처 입기 쉬운 영혼을 가진 사람에게는 이런 변명 따위가 정당화될 수는 없습니다. 그들은 우리의 마음은 사랑의 본능으로 가득 차 있어서, 우리의 입에서 나오는 말이 어떤 교정이나 감독을 거쳐야 할 필요가 없다고 생각하기 때문입니다.

- - - - - - - - - - -

* 譯註: 作爲 혹은 不作爲(omission or commission). '작위'란 어떤 행위를 적극적으로 하는 것을 뜻하며, '부작위'는 할 의무가 있는 행위를 소극적으로 하지 않는 것을 뜻하는 법률개념이다.

우리가 해야 할 일을 다 하지 못하면 그로 인해 수백 명의 사람에게 불행과 고통이 생길 수도 있습니다. 어떤 부유한 사람이 자신이 조용하게 쉬고 싶다는 이유로 재봉사에게 지급할 대금이 적힌 청구서를 순간적으로 휙 던져놓을 수도 있겠지만, 재봉사는 대금을 받지 못해 슬픔과 궁핍에 빠질 수도 있으며, 심지어 파산할 수도 있습니다. 또한 그 받지 못한 돈이 일파만파 연쇄작용을 일으켜 그 밖의 다른 사람들에게까지 영향을 끼칠 수도 있는 것입니다. 현실에 일어나는 모든 일들을 엄밀히 본다면, 결과는 그 원인과 전혀 비례하지 않는 것처럼 보입니다. 알프스산맥에 있는 큰 눈덩이들은 아주 위태롭게 쌓여 있어서 한 발의 총성조차도 그 진동이 눈사태를 일으키고 계곡 아래에서는 인명피해가 생길 수도 있는 것입니다.

자기 내면에서 최선을 다해 인생을 살고자 하는 사람은 매 순간을 선한 영향을 주는 순간으로 만들어야 합니다. 즉 자신이 품은 이상 하나를 목표로 정하고 살아있는 동안 다음과 같은 마음으로 그것이 매일매일 점진적으로 실현되도록 해야 합니다. "설령 내가 이 세상에서 위대한 업적을 이룰 수 없다고 해도, 나는 내가 당면한 의무들을 충실하게 수행하고 항상 모든 기회를 대비함으로써 내가 할 수 있는 모든 선을 다 행할 것이다. 그리고 나는 예방할 수 있는 문제들을 극복하는 데 헌신할 것이다."

그리고 각자가 매일 새로 태어나 새로운 삶을 맞이하듯이 이렇게 말합시다. "오늘, 세상의 누구도 내가 살아있음으로 해서 고통을 겪지 않을 것이다. 나는 생각하고, 말하고, 행동함에 있어서 친절하고, 남을 배려하며, 신중할 것이다. 나는 세상의 어떤 요소가 나를 약하게 하고 나의 가능성을 충분히 발휘하지 못하게 가로막는지 찾아내려고 노력할 것이다. 오늘, 난 그 약점을 극복할 것이다. 무슨 일이 있어도 난 그것을 극복해낼 것이다."

어떤 실패나 슬픔이 닥쳐왔을 때, 그것이 자신의 잘못이라는 것을 스스로 증명할 수 있다면 기뻐해야 합니다. 왜냐하면 그로써 해결책을 자신의 손에 넣었기 때문입니다. 거짓말, 음모, 질투는 악을 '예방'할 수 있는 해결책이 될 수 없습니다. 그런 것들은 단지 악을 더 키우기 위해서 해결을 지연시킬 뿐입니다. 비유를 하자면 그것들은 단지 나중에 갚아야 할 채무의 지급을 복리 이자를 매겨서 지연시키고 있을 뿐입니다. 또한 마치 타오르는 불꽃 위에 등유를 퍼부어서 불을 끄려는 것과도 같습니다.

질투는 처음에는 그저 하나의 생각으로 시작할 뿐이지만,

결국 그것 때문에 교수대에 오르는 결과를 초래할 수도 있습니다. 이기주의는 겉으로 보기에 대부분 해롭지 않은 척 위장하고 있으니, 그것은 세상에 불행이 시작되는 근간입니다. 배신은 좀처럼 보기 드문 특성으로 생각할지 모르지만, 사실 사회에 만연해 있습니다. 유다도 능란한 배신행위로 악명을 얻었습니다. 각자 모두가 삶에서 타인을 공감할 수 있는 태도를 가져야 하지만, 그것은 관용의 태도만큼이나 보기 드뭅니다. 없어도 될 악들이 사람들에 의해 창조되고 과잉 공급되어 세상은 고통받고 있습니다. 그것들은 사치품처럼 되어야 합니다. 그래야 사람들에게 그것이 필요하지 않을 것입니다.

세계는 예방할 수 있는 고통과 슬픔을 극복할 것을 다짐한 사람들로 구성된 사회를 필요로 합니다. 우리 각자에겐 다른 누군가의 권리를 방해할 권리가 없습니다. 인생이라는 영원한 음악에는 독주 파트가 없습니다. 각자는 모두 다른 이들과 함께 협주를 계속해야만 합니다. 인생의 모든 순간은 선이냐 악이냐를 선택하는 기로입니다. 자, 여러분은 어느 것을 선택하시겠습니까? 바로 여러분의 인생이 그에 대한 답이 될 것입니다. 여러분 각자가 자신을 둘러싼 세상을 더 밝고, 더 다정하고, 더 좋게 만드는 데 삶을 바치도록 하십시오. 그러면 예방할 수 있는 고통과 슬픔을 극복함으로써 날마다 각자의 인생에 잠재된 영광을 더욱 충만하게 드러낼 것입니다. 그리고 각자가 품은 이상들이 실현될 날에 점점 더 가까워질 것입니다.

◇ 6 ◇

관용적
친교관계

...

편협함은 삶에서 불필요한 마찰을 만드는 데 일조합니다. 그것은 적개심에서 나온 편견입니다. 편협함은 어떤 문제에서 한쪽 편, 즉 자기편만을 인정하는 것입니다. 그것은 독단적으로 생각하고 추정하는 것이며, 삶의 어떤 측면에서 자신만이 지혜와 진리를 독점하고 있다고 믿는 사람들이 가진 태도입니다.

관용이란 다른 사람들의 의견, 심지어 적의 의견까지도 차분하고 너그럽게 존중하는 것을 말합니다. 그것은 다른 사람의 권리를 방해하지 않는 한 모든 사람은 자신의 가치관으로 생각하고, 자신의 삶을 살며, 모든 일에 있어서 자기 자신이 될 권리가 있음을 인정합니다. 그것은 우리가 갈망하는 것과 똑같은 자유를 다른 사람들에게도 주는 것을 의미합니다. 관용이란 말없이 지켜봐 주는 정의正義이며, 그 안에는 공감이 섞여 있습니다. 관용적인 사람이 진리를 자신이 본 그대로 다른 사람들에게 보여주고자 할 때는, 부드럽고 차분하게 자신이 평화, 확실성, 그리고 안식을 찾은 방법을 나타내려고 노력합니다. 그렇게 하는 것이 사람들에게 동기를 부여한다는 것을 깨닫고 있으므로 더 높은 이상들을 인식할 수 있도록 사람들을 끌어 올려주고자 노력합니다. 또 인류애와 동지애의 정신으로 다른 사람들을 몰아가기보다는 이끌어주고, 위압하거나 기를 죽이기보다는 설득하고 믿음을 심어 줍니다.

관용은 개인의 약점이나 잘못에 대해서, 공성퇴攻城槌로 성문을 두들겨 부수듯이 논쟁하거나, 몽둥이로 때리듯이 비꼬거나, 검으로 찌르듯이 조롱하는 방법 따위를 사용하지 않습니다. 관용은 한 시대에 팽배한 악을 매질하거나 채찍질할 수 있지만, 개인에게만큼은 친절하고 다정합니다. 죄 자체는 껍질이 벗겨지도록 매를 후려치지만, 죄를 지은 사람에게는 그렇지 않습니다. 관용은 사람들로 하여금 자신의 개인적 견해보다 진실을 더 높은 것으로 여기도록 합니다. 그것은 각자가 진실의 햇빛을 먼저 받을 수 있도록 우리 인생의 창문을 동쪽으로 열어놓고 살도록 가르칩니다.

그리고 아주 혹독하게 비난하는 누군가의 신념도, 그것을 단칼에 거부해버리기 전에 한 번쯤 면밀히 살펴보고 검증해본다면 그 안에 자신이 갈망하는 진리가 있을 수도 있다는 사실을 깨닫게 합니다.

우리가 살고 있는 이 세계는 점점 더 나아지고, 더 관용에 차며, 더 자유로워지고 있습니다. 정치적 견해가 달라 대립하면 반대자를 참수형에 처함으로써 해결하던 시절, 그리고 자신의 종교적 신념을 지키려면 종교재판의 공포와 화형대의 잔혹함을 용감하게 직면해야 했던 시절, 그리고 과학적 문제에 대한 그들 자신의 사상을 대담하게 밝히면 사람들을 밀짚이 깔린 지하 감옥에 데려가던 그런 시절들은 다행히 사라져버렸습니다. 편협, 그리고 그것의 쌍둥이 형제인 무지는, 지혜의 순백 빛이 그 위에 쏘여져 내릴 때 약해지고 사멸합니다. 지식은 편협함에 대하여 조종弔鐘을 울립니다. 지식이란 단순히 책에서의 학습, 또는 학교나 대학 교육, 또는 단순한 통계의 축적, 또는 정보의 파편들이 아니라 다른 시대, 다른 나라, 다른 개인의 인생, 예절, 관습, 목적, 사고, 투쟁, 진보, 동기부여, 이상에 대하여 공감하는 대규모의 배움을 말합니다.

관용은 인류 형제애라는 매우 긴밀한 유대관계로 사람

들을 하나로 결속시키고, 꼭 필요한 부분에서는 통합과 공감으로 연대하게 하지만, 그렇지 않은 부분에 있어서는 사람들을 아주 자유롭게 합니다. 나폴레옹은 제1통령에 취임했을 때 "더 이상 자코뱅도, 온건파도, 왕당파도 없어야 합니다. 우리는 모두 다 함께 프랑스인이어야 합니다"라고 말한 바 있습니다. 분파주의나 파벌주의는 언제나 전체로서의 영혼을 희생시키면서 몸통의 한 부분에만 집중하게 만듭니다. 오늘날의 종교계가 필요한 교의教義는 그리스도이지 특정 종파가 아닙니다. 그리스도가 지상에 살았을 때 그리스도교는 하나의 단체였으나, 그의 사후부터 종파들이 시작되었습니다.

오늘날 미국 전역에 분포해 있는 수백 개의 소도시에는 지나치게 많은 교회들이 난립해있습니다. 이런 소도시의 중심 거주지를 조금 벗어난 곳을 가보면 여남은 군소 교회들이 자신의 조직을 존속시키기 위해 고군분투하고 있는 경우가 많습니다. 이 군소 교회들 사이엔 교리에 약간의 차이, 즉 신앙의 일부 기술적인 측면에서 종이 한 장 정도의 차이만 있을 뿐입니다. 이들은 대부분 가난한 살림으로 겨우 유지가 되고는 있으나 적은 수의 신도들이 내는 헌금으로 대출을 갚느라 벅찬 형편이며, 종교적 열정은 미약하기 짝이 없습니다. 그 교회들이 서로 결속하고, 협력하며, 관용을 베풀고, 본질적 문제가 아닌 한 상호 간 양보하며, 그리스도교의 훌륭한 근본정신을 기반으로 강하고 활기 있게 집중하고 단결했다면, 집단의 영적 건강과 가능성을 놀랄 만큼 크게 만들 수도 있었을 것입니다. 결국, 존립을 위해 발버둥 치는 십여 개의 교회들은 튼튼하고, 생기 있고, 발전적인 서너 개의 교회들로 대체될 것입니다. 개울을 건너기 위해서 아주 튼튼한 다리 서너 개, 심지어 가장 튼튼한 다리 한 개만 있어도 훨씬 좋다면, 굳이 열 개가 넘는 허술한 다리들을 놓을 필요가 있을까요? 세상은 성경에서 예언한 더 큰 종교적 믿음, 즉 그리스도의 재림을 미리 준비하기 위해 교회들을 단일 신앙 조직으로 연합할 거대한 종교적 신념이 필요합니다.

자신의 양심이나 욕망에 따라 신실한 다른 사람들을 비난할 필요는 없습니다. 그렇게 하지 않아도 우리는 우리만의 신앙을 확고하게 지킬 수 있으며, 우리만의 대의에 충실할 수 있습니다. 세계의 위대한 개혁가들은 정직하고 진지하게 중대한 사회적 문제들을 해결하고, 인간의 죄악과 잘못에 맞설 수 있는 수단을 제공하고자 애씁니다. 그리고 인간의 죄악이 팽배한 상황이 심각하고 참혹하다는 것에는 완벽하게 동의하지만, 보통 사람들과는 180도 다른 시각의 해결방안들을 제시하기도 합니다. 그들은 문제들을 다른 관점에서 보고 있으므로, 단지 그들의 판단을 우리의 가치관으로 받아들일 수 없다는 이유만으로 그들을 비난하는 것은 편협한 행동일 것입니다.

중대한 국가적 현안이 정치가들에게 주어졌다고 칩시다. 그들 모두가 똑같이 유능하고, 똑같이 성실하고, 똑같이 정의롭고, 똑같이 사심이 없다고 해도 저마다 내세우는 해결방안에는 차이가 있습니다. 어떤 이들은 외과 전문의처럼 칼을 사용해서 환부를 도려낼 것을 제안합니다. 이러한 방법의 대표적인 예가 바로 전쟁입니다. 또 다른 사람들은 일반의처럼 통증을 완화 또는 치유할 약을 권합니다. 이것은 외교적 처방입니다. 세 번째 사람들은 시간이 흘러서 문제가 저절로 개선되기를 기다리자고 제안합니다. 이것은 보수적인 방법입니다. 하지만 세 부류 모두 악에 맞서 대응해야 할 필요성에 대해서는 동의합니다.

인간의 판단으로 해결해야 할 온갖 중대한 문제가 생길 때마다 당국자들의 의견이 충돌하는 것만 보더라도, 설령 우리가 내린 판단의 정당성을 마치 그것이 천지창조 때부터 이미 정해진 법칙인 양 확신할지라도 다른 사람들의 의

견을 너그럽게 수용해야 한다는 것은 분명합니다. 만약 우리가 가진 관점을 더 선명하게 해주는 어떤 새로운 견해를 들었다면, 지난해의 책력冊曆을 바탕으로 올해의 일식도 예측하려는 식의 어리석은 고집 따위는 버리고 당장 바꾸도록 합시다. 관용은 항상 혁신적입니다.

편협함에 갇힌 사람은 다른 사람들의 문제들을 해결하는 데 있어서 절실한 문제를 두고 일생을 바쳐 고민하고 있는 그 당사자들보다도 자신이 더 특출난 재능을 타고났다고 믿습니다. 세부적인 내용도 전혀 알지 못하면서 말입니다. 편협함은 세월이 흘러도 여전히 울부짖으며 자기

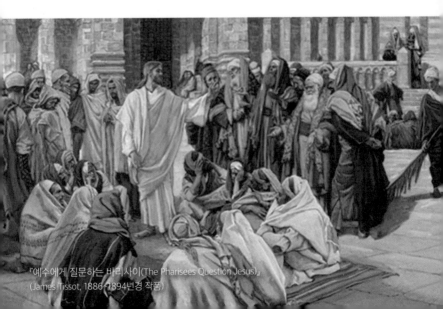

『예수에게 질문하는 바리사이(The Pharisees Question Jesus)』
(James Tissot, 1886-1894년경 작품)

는 틀리지 않았다고 외치는 바리사이* 들의 음성입니다.

우리 각자의 치수에 맞춘 구두를 전 세계 사람들에게 신기려고 애쓰지 맙시다. 여러분이 바그너 이후의 음악은 음악으로 인정하지 못하겠더라도, 희가극light opera을 즐겨 듣는 사람들을 비난하지는 말자는 말입니다. 어쩌면 그들은 그 음악들을 통해 언젠가는 여러분이 가진 예술적 감상의 수준까지 올라서 어떤 부분에서 박수를 쳐야 하는 지도 배울 수 있을 것입니다. 그들이 듣는 가벼운 음악이 그들의 영혼을 만족시키고 있는데, 우리가 추앙하는 바그너도 우리에게 그만큼 만족을 주고 있는지요? 밀로의 비너스 Venus de Milo를 감상시키기 위해 아이의 헝겊 인형을 빼앗는 것은 온당하지 않습니다. 밀로에서 발견된 그 대리석 여인의 아름다움을 깨닫게 하려면 아이에게 점점 더 나은 인형들을 주어야 할지도 모르나, 지금 당장 아이에게는 그 헝겊 인형이 바로 비너스입니다.

편협함은 사람을 자기의 관점에서만 바라보게 하므로, 다른 사람들에게 필요한 것들이 무엇인지 판단하는 데 큰 실수를 범하게 합니다. 편협함은 삶에 있어서 저마다가

---

* 譯註: 유대교의 극단적 율법 중심주의를 내세우던 학파. 율법의 엄격한 해석에 경도되어 극도로 배타적이고 편협한 태도로 예수와 대립하였다.

『밀로의 비너스(Venus de Milo)』(기원전 130~100년경 작품으로 추정)

가진 특수한 문제들을 무시합니다. 마흔 살인 사람에게는 훌륭한 책이라 하더라도, 열세 살 된 소년에게 쓸모없는 정도가 아니라 그보다 더 나쁜 것일 수도 있습니다. 우리가 마치 천국과도 같이 최고의 행복으로 여기며 선택한 인생의 행로라도, 다른 이에게 강요한다면 이는 옛날 신학자들에 따르면 사악한 자들이 사후死後에 겪게 될 운명* 보다도 더 고통스러울 것입니다. 참새 한 마리에게 매우 만족스러운 아침 식사가 코끼리에게는 매우 형편없는 식사일 것입니다.

우리 주위에 있는 사람들의 성격과 행위에 대해서 엄혹하게 심판하고, 그들을 잘 알지도 못하면서 너무나 태연하게 그들을 비난하면서, 우리는 마치 우리 자신이 전능하기라도 한 것처럼 굴면서 우리의 편협성을 드러냅니다. 관용은 우리로 하여금 우리 가까이 있는 사람들의 본성이 각자 다름을 인정하고 그들을 존중하도록 만들며, 각자에게 존재하는 교육, 기회, 이상, 동기, 취향, 견해, 기질, 감정에 따른 차이들에 대해서 배려를 하도록 이끕니다. 편협함은 '그들에게' 다른 사람들의 삶을 사는 길을 찾도록 하는 반

- - - - - - - - - - -
* 譯註: 지옥을 말한다.

면, 공감은 우리 또한 그들의 삶을 '그들과 함께' 살 수 있도록 돕습니다. 인류가 우리를 받아들여야만 하는 것과 꼭 마찬가지로, 우리도 인류를 받아들여야 합니다. 그러기 위해 인류가 가진 모든 약점, 죄, 어리석음까지도 함께 받아들이기 위해 최선을 다해야 합니다. 우리는 나이가 들어가면서 이 교훈을 배웁니다. 그리고 세상에 대한 우리의 지식이 늘어나면서, 만약 우리가 더 관대하고, 더 자비롭고, 더 너그러웠더라면 우리 자신과 다른 사람들의 삶이 얼마나 더 행복했을지도 알게 됩니다.

세상의 누구도 절대적으로 완벽하지는 않습니다. 만약 사람이 완벽했다면 하늘나라로 가기 위해서 날개가 돋아나기를 기다리거나 죽을 때까지 기다릴 필요도 없이 마치 구약 성경의 엘리야처럼 바로 승천했을 것입니다. 어린 사람들에게는 잘 와닿지 않는 교훈일지도 모르지만, 우리는 반드시 이를 깨달아야 합니다. 그래서 어느 노교수도 학생들의 지혜를 생각하고 고개를 숙여 다음과 같이 말하지 않았겠습니까. "우리 중 실수를 안 하는 사람은 아무도 없습니다. 아니, 심지어 가장 어린 사람도 실수할 수 있습니다."* 우리는 자연의 사실들을 받아들이듯이 사람들을 받아들여야 합니다. 다시 말해, 우리가 견과류는 단단한 겉껍질이 감싸고 있다는 것을 받아들이듯이, 또 과일에는 껍질이 존재한다는 걸 받아들이듯이, 그리고 빛에는 항상 그림자가 동반한다는 사실을 받아들이듯이, 그렇게 우리 주위의 사람들의 작은 단점도 받아들이고, 또한 그럴 수 있도록 최선을 다합시다. 사실 이러한 단점은 절대적인 결점이 아니라 대개는 저마다가 가진 특성일 뿐입니다. 편협함은 이웃의 눈에 있는 티끌을 자기 눈에 있는 대들보보다 더 큰 것으로 보게 합니다.

한 인물이 가진 어느 한 가지 약점에 생각을 집중하지 말고, 그것을 상쇄할 만한 어떤 좋은 자질을 찾아보도록 합시다. 이는 회계로 비유하자면, 마치 원장元帳에서 대변에 기입되는 항목이 부채를 취소시키는 것 이상으로 많은 것을 나타나게 되는 것과도 같습니다.** 장미에는 왜 가시가 있냐며 끝도 없는 불평을 하지 말고, 가시 위에 장미가

----

* 譯註: 윌리엄 헵워스 톰슨(William Hepworth Thompson)이 1878년 케임브리지 트리니티 칼리지(Trinity College, Cambridge)에서 한 말이다.

** 譯註: 복식 부기에서 장부의 대변에 어떤 수익금이 생겨 부채를 상환한 것을 기입하면, 그것은 단순히 부채를 상환한 것으로만 표시되는 것이 아니고 수익금으로 같이 표시되기 때문이다.

피어남에 감사합시다. 가시 이야기가 나왔으니 하는 말입니다만, 자연에는 경침莖針과 피침皮針이라는 두 종류의 가시가 존재합니다.* 경침은 유기체인데 섬유질 깊숙이 뿌리를 내리고 있어서 식물의 가지로 돌아납니다. 피침은 가지의 피층이나 표피의 얕은 깊이에서부터 붙어있을 뿐입니다. 사람의 성품에도 앞서 말한 두 가지 종류의 가시가 다 있습니다. 경침은 내적인 부조화를 드러내는데, 그것들은 오직 내면에서만 제거할 수 있습니다. 반면 피침은 단지 기질적 특수성에 불과하므로 관용의 눈길로 바라보고 자비심의 손길로 부드럽게 제거할 수 있습니다.

달빛이 모든 것을 아름다워 보이게 하는 것처럼, 관용의 부드러움은 우리가 허락만 한다면 세상을 빛나고 영광스럽게 할 것입니다. 약점만으로 사람을 평가하는 것은 부당합니다. 이 작은 나약함은 큰 대지에 잡혀 있는 작은 저당 같은 것이므로, 저당 잡힌 액수로만 부동산의 가치를 판단하듯 한 사람을 평가하는 것은 편협하고 옹졸한 생각입니다. 대신 "순수 가치"의 개념으로 생각해 봅시다. 즉, 저당 잡힌 금액을 초과하는 그 부동산의 실제 가치 말입니다.

----

* 譯註: 쉽게 말해 나무의 가지나 줄기가 변해서 가시가 된 것을 경침(莖針, thorn)이라고 하며, 껍질이 변해서 가시가 된 것을 피침(皮針, prickle)이라고 한다.

우리가 공감 능력을 가지고 행위 이면에 있는 동기를 발견하려고 애쓰지도 않고, 인생의 과정, 즉 사람이 목표로 하는 바를 추구해나가는 과정 자체를 격려해주려 하지도 않으면서 남을 성급하게 비난하는 것은 단지 우리의 편협함을 오만하고 이기적으로 표현할 뿐입니다. 모든 것은 절대적인 관점보다는 상대적인 면으로 살펴보아야 합니다. 시계에서 시침은, 비록 그 길이가 다른 바늘보다 더 짧고 또 시계의 눈금 중 고작 12개를 위해 쓰이는 역할에 불과한 듯 보일지언정, 분침만큼이나 귀중한 일을 하고 있는 것입니다.

편협함은 가정 내에서 과도한 훈육과 금지사항에 짓눌린 엄격하기만 한 분위기로 드러납니다. 집이 마치 "잔디밭에 들어가지 마시오"라고 쓰여 있는 표지판이 잔뜩 널려 있는 장소처럼 되어버립니다. 그러면 결국 아이들이 성장하고 목표 의식을 갖게 하는 것이 아니라 그들이 가진 개성을 억압하고 의지력을 파괴하는 결과를 가져옵니다. 도예가가 진흙을 다루듯이 외부로부터 아이의 성격을 형성시키려고 애쓰는 건 어리석은 시도입니다. 아이가 스스로 성장할 수 있도록 돕는 더욱 고차원적인 방식이 현명한 교육입니다. 부모들은 자신의 젊었던 때를 자주 망각하고

서 아이들이 기뻐하는 것들, 옷차림, 친구 관계 등에 관해서 공감을 해주지 않습니다. 삶의 근본 원칙, 즉 인생의 본질적인 부분들에 대해서는 절대적으로 확고한 원칙이 몇 가지 있어야 하되, 중요하지 않은 부분들에 있어서는 개성을 다양하게 표출할 수 있도록 자유롭게 할 수 있는 여지를 가능한 한 크게 두어야 합니다. 확신, 공감, 사랑, 신뢰는 관대하고 다정한 정신을 만들며 이런 정신은 놀라운 결과를 가져옵니다. 편협함은 활력 넘치며 꾸밈없이 행동하는 아이를 거짓된 미덕으로 선량한 척하는 위선자, 혹은 자동으로 굴종만 하는 로봇으로 변화시킵니다.

관용이란 서로가 서로에게 양보하는 상태를 말합니다. 가정생활에서도 이렇게 계속 서로를 독자적인 개인으로서 존중하고, 너그럽게 대해야 합니다. 그것은 각자의 개성은 신성하다고 인식하는 것, 다시 말해 각자가 가능한 한 최선을 다해 자신만의 인생을 살아갈 권리는 신성하다는 것을 본능적으로 인식하는 데에서 비롯됩니다. 우리가 다른 사람들의 생각, 말, 행위를 억압할 때, 우리는 폭군暴君처럼 그들을 축출하여 없애버리며 누리는 하찮은 승리를 위해서, 그들을 도울 성군聖君과도 같은 영향력을 희생시켜버립니다.

우리는 훌륭하고 선량한 인물들의 자녀가 일탈하는 것을 아주 흔하게 볼 수 있습니다. 그 이유 중 하나는 부모가 자신의 열성, 힘, 도덕의식에 사로잡혀 규율에 대해서 글자 그대로 다 지키도록 까다롭고 엄격한 복종만 요구함으로써, 그 규율이 담고 있는 정신에 대해서 감사할 줄 아는 마음을 죽여 없애기 때문입니다. 그것은 편협함을 불러오며 복종만을 강요하게 합니다. 하지만 그러한 복종 아래서 자식들의 마음속에는 저항과 반항의 불길이 이글이글 타오르고 있으며, 약간의 자유가 찾아오기만 한다면 곧바로 그 불길을 내뿜을 준비가 되어 있는 것입니다. 형제 사이에, 부부 사이에, 주인과 하인* 사이에 관용의 정신, 즉 "너그럽게 받아주는" 마음이 있으면 음울하고 냉혹함이 감도는 집은 상냥함과 사랑이 넘치는 집으로 변합니다.

부모와 자녀의 신성한 관계에 있어서, 아들에게는 남자가 되는 시기가 꼭 오게 마련이며, 부모가 아직도 어린애에 불과하다고 여기는 딸도 언젠가는 독립된 개인으로서 인생의 중대한 문제들을 직면하게 됩니다. 아이에게 분별력이 생기고 몇 년 지나게 되면 부모는 아이들에 대한 신

----

* 譯註: 19세기 미국 중산층 이상의 가정에서는 일반적으로 가사일을 돕는 하인을 집에 두었다는 점을 염두에 두어야 한다.

탁통치* 권한을 포기해야 합니다. 그때 아이들은 비로소 부모로부터 자유와 책임을 물려받아 온전히 자신이 소유하게 됩니다. 그래도 부모에게는 여전히 애정 어린 통찰로 자녀들에게 도움이 되는 조언을 해줄 권리와 특권이 있습니다. 아이들은 부모의 그런 조언을 존중해야 합니다. 그러나 어떤 큰 문제를 만난다면, 즉 아들이나 딸이 자신을 평생 행복하게 하거나 불행하게 할 문제 앞에 서게 되면, 그 문제는 그들 자신이 결정해야 합니다. 강요, 매수, 부당한 영향력, 상속권을 박탈하겠다는 위협, 기타 잘 알려진 부모가 자녀에게 사용하는 무기들은 잔인하고 이기적이며 오만하고 부당합니다. 아이는 자기 자신만의 삶을 살아갈 자유가 있는 한 인격체이지, 노예가 아닙니다. 넘는 순간 편협함이 되는 선은 분명히 존재합니다.

우리는 관용의 영향력이 항상 퍼져가고 있음을 깨달아야 합니다. 관용은 공감력을 키우고, 걱정을 누그러뜨리고 평온해지도록 격려해줍니다. 그것은 자비로움과 긍정이며, 단지 이론으로서가 아닌 살아 숨 쉬고 있는 영원한 사실로서의 그리스도 정신 그 자체입니다. 타인의 약점을

----

* 譯註: 비유적 표현. 부모가 대리로 의사를 결정해주는 것을 뜻한다.

너그럽게 대하고, 우리 자신의 약점은 엄격하게 대합시다. 다른 사람들의 잘못들을 용서하고 잊어버리려고 노력합시다. 사람들이 앞으로 어떻게 될 수 있을지 그 잠재성을 생각하면서, 지금 보이는 모습만으로 판단하는 시각을 버립시다. 인류가 진보해나가는 장엄한 행진 속에서 사람들이 자신들의 가능성을 실현할 수 있도록 그들의 영혼을 한껏 격려해 줍시다. 우리 자신들과 사람들을 위하여, 현재는 도토리의 모습이지만 그 안에는 미래에 우뚝 솟을 참나무가 있음을 보도록 합시다.

　사람들 각자가 자신의 삶을 살 수 있도록 도와줄 수 있는 특권이 우리에게 있다고 한다면, 우리의 도움, 우리의 공감, 우리의 동기부여를 받은 그들의 영혼에도 그들의 운명을 스스로 개척할 권리가 있음을 깨달아야 합니다. 하지만 그렇다고 우리 자신이 그 사람을 위해 그 사람의 인생을 살려고 한다면 그 또한 편협함입니다.* 사람은 자신의 개성이라는 왕좌에 홀로 앉아 있습니다. 자신의 인생을 오직 홀로 통치해야 하며, 그러한 통치가 끝날 때 하느님께 자신의 통치 업적에 대하여 스스로 설명해야 합니다.

- - - - - - - - - - -

* 譯註: 앞서 서술했듯이 저자에게 있어서 진정한 관용이란, 각자가 '자신의 삶'을 함께 살아가는 것이다.

인생은 모든 사람에게 주어진 존엄한 특권이자 영광스러운 특혜입니다. 노아가 방주를 제작할 때 사람들이 매몰차게 비난을 퍼부었던 것도 바로 오만한 편협성 때문이었음을 기억합시다.

『방주의 건조(Building of the Ark)』 (Kaspar Memberger, 1588년작)

7

너무 늦게 오는
것들

...

시간은 나중에 생각난 것을 덧붙이기 좋아하는 나이 지긋한 블랙 코미디 작가와도 같습니다. 너무 늦게 오는 것은 시간이라는 작가가 구사하는 풍자 중 하나입니다. 각 세대는 이전 세대의 오류를 바로잡고, 또 자신의 후손들이 바로잡을 수 있는 새로운 실수를 제공하느라 바쁩니다. 각 세대는 그 세대가 가진 지혜와 함께 어리석음을, 풍부한 지식과 함께 오류와 실패의 빚 또한 후대에 물려줍니다. 따라서 너무 늦게 오는 것은 마치 오래된 빚을 나중에 갚는 것과 같다고 할 수 있습니다. 또한 그것은 세상이 더 현명해지고, 더 나아지고, 더 진실해지고, 더 고귀해지고, 더 정의로워지고 있다는 것을 의미합니다. 즉 오류의 어두운 그림자를 헤치고 나와 진실과 정의의 햇살 속에 모습을 드러내는 것입니다. 또한 그것은 시간이 오류와 진실의 조각을 뭉쳐 만든 인류애라는 날줄과 씨줄로 아름다운 직물을 짜고 있다는 것을 증명합니다.

따라서 너무 늦게 오는 것은 더 완전한 지혜, 나중에 얻게 되는 명예, 개척자들이 해낸 일에 대한 진정한 평가, 진실을 위해 용감하고 꿋꿋하게 홀로 싸웠으나 오해받고 무시당한 사람들에 관한 이야기입니다. 덕분에 인생에 대하여 세상 사람들은 더 나은 태도를 가지게 되었습니다. 겉으로만 보면 너무 늦게 오는 것이 우리로 하여금 무력하고 절망스럽고 비관적으로 느끼도록 하지만, 더 깊은 지혜의 눈으로 보면 그것이야말로 더 높은 것을 향한 인류의 위대한 진보의 행진을 우리에게 나타냅니다. 결국 옳은 것은 '반드시' 승리하고, 진실은 '반드시' 정복하며, 정의는 '반드시' 지배한다는 것을 자연이 분명히 보여주고 있는 것입니다. 우리 각자에게 그것은 경고이면서 동시에 격려입니다. 즉, 사랑, 자선, 친절, 동정, 정의, 도움을 너무 늦을 때까지 주지 못하게 되지 않도록 하는 경고이자, 비록 결과가 당장 오지는 않아도 '반드시' 찾아오므로 걱정하지 말고 평온하게 확신을 가지고 항상 최대한의 노력으로, 가능한 한 최선을 다해서 인생을 살도록 하는 격려입니다.

어떤 별은 그 빛이 지구에 도달하는 데 30년 이상이 걸립니다. 다른 어떤 별은 백 년 이상, 또 다른 어떤 별은 천년 이상 걸립니다. 이 별들 모두 그것들의 빛이 인간의 시야에 도달해서 감각이 그에 반응할 때까지는 보이지 않습니다. 세계의 몇몇 위대한 천재들도 그들 천재성의 빛이 실제 사람들의 눈에 들어오기까지는 이와 거의 똑같은 시간이 걸렸습니다. 나중에서야 우리는 세계 역사 속에서 영원히 기억되는 위인들의 전당에서 빛나는 별이 된 이 천재들을 볼 수 있게 됩니다. 이것은 또한 누군가 현재 좋은 평판을 얻었다고 해서 그것이 앞으로도 영원히 지속되는 명예라고 단정하면 안 되는 이유이기도 합니다. 우리는 자꾸만 단지 영리할 뿐인 반딧불이들을 천재적인 별들로 착각하고 있습니다. 그러나 결국 시간이 모든 것을 바로잡습니다. 하지만 이 세상의 빛과 그림자를 다 겪어온 사람이라도 살아생전에 명성이 찾아와 그 사람에게 기쁨이나 격려 혹은 영감을 주라는 법은 없습니다. 그것은 너무 늦게 찾아오는 영광의 슬픔이자, 애잔함이 뒤섞인 희극적 요소라고 할 수 있습니다. 뒤늦은 인정이라도 전혀 인정받지 않는 것보다 낫긴 합니다. 무엇이든 늦더라도 아예 없는 것보다는 나으니까요. 하지만 늦지 않았다면 훨씬 더 진실하고 다정하며 더 가치 있었을 것입니다. 우리에게는 악담이나 섣불리 흠잡는 말은 마치 긴급배송으로 보내듯이 전하고, 신중하고 진솔한 칭찬은 지연배송처럼 전하는 경향이 다분합니다.

1635년 10월, 로저 윌리엄스Roger Williams는 개인의 종교적 자유에 대해 선동적으로 호소하고 다녔다는 이유로 매사추세츠 일반 법원으로부터 식민지* 를 영원히 떠나라는 명령을 받았습니다. 추방당한 그는 로드 아일랜드Rhode Island로 가서 약 50년 동안 살았습니다.** 그러나 당국은 자신들의 결정에 관하여 점차 양심의 가책을 느끼게 되었고, 불과 몇 년 전인 1899년 4월, 매사추세츠주 정부는 선대에 행하여진 경솔한 판결과 추방 명령에 대해 비로소 속죄하였습니다. 누렇게 빛이 바래고 바스러지는 당시의 판결 서류들이 법원의 서류함에서 다시 꺼내지고, "정상적인 신청 절차에 의하여, 무효 심판이 제청되고 가결되었습니다." 추방 명령은 엄정한 판결에 의해 "무효로 폐기되었으며, 이전 효력은 전부 상실하였습니다." 이렇게 로저 윌

---

* 譯註: 매사추세츠 만 식민지(Massachusetts Bay Colony, 1630~1691)를 말한다.
** 譯註: 그리고 그곳에서 세상을 떠났다.

리엄스에게 내려져서 260년 이상 동안이나 지속되었던 추방 명령이 해제되었습니다. 따라서 법에 따르면 이제 로저 윌리엄스가 매사추세츠주에 들어가 거주할 수 없는 이유는 없습니다. 이 심판은 국가의 신뢰와 명예에 대한 것이었습니다. 그리고 그 판결이 추구하는 정신은 옳았습니다. 로저는 죽어서도 2세기 이상을 이 정신 안에서 머물다 판결을 보자 모든 것을 이해하며 부드럽게 미소를 지었을지도 모릅니다. 하지만 국가의 보상은 너무나도 늦었던 것입니다.

『1636년 로저 윌리엄스의 상륙(The Landing of Roger Williams in 1636)』
(Alonzo Chappel, 1857년작)

어느 세대에 행하여진 실수, 죄, 어리석음은 다음 세대에 의해 부분적으로나마 속죄될 수 있지만, 개인 각자의 문제는 이와는 또 다릅니다. 즉 우리가 한 일에 대한 책임뿐 아니라, 어떤 일을 하지 않고 내버려 둔 책임도 오로지 우리 자신에게 있는 것입니다. 우리가 더 고귀한 것에 바쳐졌을지도 모르는 귀중한 시간이 우리의 손가락 사이로 흘러내리는 모래처럼 흘러가 버리도록 한다면, 그 누구도 그것을 다시 돌이켜 줄 수가 없습니다.

사람 사이의 정情은 어떤 식으로든 표현 혹은 표시되지 않으면 소용이 없습니다. 그리고 그것은 단지 다정한 느낌이 들게 해주는 것만으로는 충분하지 않으며, 행동으로 드러나는 것이 되어야 합니다. 구름 속에 물이 존재한다는 사실만으로 마른 땅이 생기를 되찾는 것이 아닙니다. 비가 실제로 내리는 축복이 있어야만 대지의 새로운 생명이 깨어날 수 있습니다. 우리는 곧잘 "그 사람은 내가 얼마나 자신을 생각하는지 알고 있다"고 말하면서, 실제 행동으로 표현하지 않아도 괜찮다고 여깁니다. 태양이 어디선가 빛나고 있다는 사실을 알고 있어도, 그 빛과 따뜻함이 닿지 않는 곳에 있다면 추위에 떨 수밖에 없습니다. 배려심 있는 행동, 다정함과 감사를 담은 말, 존중을 담은 미소와 악수 같은 작은 행동에서도 사랑을 한결같이 분명하게 표현해야 합니다. 인내심 있었거나, 너그러웠거나, 예의 발랐거나, 친절했던 사람으로 기억되기보다는, 사랑을 지금 실제로 보여주고 있는 사람이 되어야 합니다.

애정이 당연히 지속되리라고 확신하는 것은 결혼 생활의 슬픈 측면 중 하나라고 보는 이론이 있습니다. 우리는 두꺼운 성경 책갈피 속에 꾹 눌러둔 메마른 장미, 즉 현재가 아니라 단지 과거에 어땠는지를 기억하는 데 참고만 할 수 있는 시든 꽃잎이 아닌, 언제나 활짝 피어나며 영원히 살아 숨 쉬는 향기를 지닌 사랑의 장미꽃을 마음에 품어야 합니다. 너무나 많은 이들이 결혼 생활을 시작하면서 감성, 배려, 매너와는 담을 쌓고 살아갑니다. 어쩌면 마음 한편에 그 느낌들이 아직 살아 있을 수도 있지만, 그것들을 제대로 드러내지를 못합니다. 즉 사랑의 운율이 살아있던 노래가 공허한 운문으로 바뀌더니, 나중에는 칙칙한 산문으로 변해버리게 됩니다. 이는 마치 어느 소년이 말한 아버지의 모습과도 같습니다. "아버지는 그리스도인이지만, 지금은 냉담 중으로 별다른 신앙생활을 하고 있지 않아요." 표현되지 않은 사랑은, 자물쇠로 잠겨있는 상자 속의 빵이 우리 몸에 아무런 영양을 주지 못하듯 우리 마음을 전혀 채워줄 수 없으며, 불을 켜지 않은 램프가 방을 밝히지 못하듯 우리의 일상에 아무런 빛도 주지 못합니다. 남편도 아내도 사랑과 다정함을 말로 표현해주기를 마음속으로 늘 갈망하고 있으므로, 사랑의 말은 그 출처가 어디인지를 불문하고 듣는 사람에게 환영받지 않을 리가 없습니다. 만일 결혼 후에도 계속해서 애정 표현을 많이 한다면, 가정법원의 업무가 크게 줄어들게 될 것입니다.* 이러한 깨달음도 역시나 너무 늦게 오는 것들 중 하나라고 볼 수 있습니다.

이 세상에는 빵이 없어 굶주리는 사람보다 친절, 공감, 우정과 사랑에 굶주린 사람들이 더 많습니다. 우리는 흔히 누군가에게 격려나 찬양, 축하의 말을 해주는 것을 아끼곤 합니다. 심지어 우리의 감정을 이미 상대방이 알고 있어서 그런 말을 하는 게 자연스러운 상황에서조차, 그 사람이 자만하거나 의기양양하게 될까 봐 표현을 삼가곤 합니다. 이렇게 하찮은 이유로 표현을 억눌러 가둬둔 둑을 무너뜨리고, 우리의 감정을 홍수처럼 흐르게 합시다. 이 세상에 지나치게 칭찬을 했다는 이유로 인생에서 실패

----

* 譯註: 이혼율이 많이 줄어들 것이라는 뜻

한 사람들을 추모하는 기념비는 거의 없을 것입니다. 어떤 사람의 무덤을 지키고 있는 묘비를 보면, 무덤 안에 잠든 사람이 살아생전에 들었던 것보다 훨씬 더 많은 아첨의 말이 새겨져 있습니다. 아첨해달라고 애원하거나, 입에 발린 칭찬을 갈망하는 사람은 없습니다. 누구든 그저 자신이 해낸 일은 진솔하게 인정받기 원하고, 자신이 하고 있는 일은 온당하게 감사받기 원하며, 그리고 자신이 하고자 애쓰는 일은 공감 받기 원할 뿐입니다.

실수도 많이 하면서 평범하게 살았던 누군가가 세상을 떠나면, 어째서 우리는 그 사람에게서 갑자기 수많은 미덕을 발견하게 되는 걸까요? 우리는 마치 우리 동네에 천사가 함께 살고 있었던 것처럼 말을 합니다. 만약 그 사람이 살아 있는 동안에 이 칭찬의 말을 들을 수만 있었더라면, 아니 심지어 60%만이라도 살아생전에 들을 수 있었다면, 그 사람이 삶의 문제로 인해 지치고 힘들거나 걱정에 휩싸였을 때 큰 격려가 되었을 것입니다. 하지만 지금 고인이 된 그 사람은 지상에서 울려 퍼지는 찬양의 노래를 귀로 들을 수도 없거니와, 설령 그런 칭찬을 들을 수 있다 한들, 그 말은 너무 늦어서 쓸모없게 된 사랑의 전령과 전혀 다를 바가 없습니다.

고인에 대해 좋게 말함으로써 장점은 기억하고 단점은 잊어주며, 그 사람을 기억할 때 명예, 정의, 사랑, 슬픔의 표현으로 우리의 마음을 가득 채우는 것은 물론 옳은 일입니다. 하지만 그런 말들이 그 누구보다도 가장 필요한 건 언제나 살아있는 사람들입니다. 죽은 사람들은 우리가 도와줄 수 있는 범위 밖에 있습니다. 살아있을 때 돕지 못한 후회로 괴로워서 처절하게 울부짖어봤자 죽은 사람들은 저 너머 미지의 침묵 속에서 아무런 대답도 하지 못합니다. 현재 인생의 투쟁에 직면하여 용감하게 행동하려 애쓰고 있는 사람들, 그들이야말로 우리의 도움, 우리의 우정, 우리의 사랑, 우리가 할 수 있는 최선의 모든 것이 필요한 사람들입니다. 나중에 우리의 관 주위에 장미를 산더미처럼 놓아준들, 지금 온기를 가지고 살아있는 우리 손에 놓여 있는 가장 작은 꽃 한 송이가 훨씬 낫습니다.

우리가 고인의 살아생전에 좋은 표현을 충분히 해주지 못한 경우, 그 말들을 해주기엔 이미 너무 늦었다는 생각에 우리는 깊은 슬픔에 빠지고 본능적으로 울컥하는 감정에 휩싸이게 됩니다. 하지만 그때에도 아직 늦지 않은 속죄의 방법이 한 가지 있습니다. 그것은 우리가 그 사람에게 다 주지 못하여 후회하는 다정함과 사랑을 다른 모든 사람들에게 나누어 주는 것입니다. 즉, 우리 주위에 있는 사람들의 삶에 밝음과 용기와 격려를 가져다줌으로써 속죄할 수 있습니다. 그렇게 함으로써 우리의 그런 후회가 단지 일시적인 감정의 표출이 아닌, 진심이었다는 것이 증명될 것입니다.

누군가의 도움이 가장 절실하게 필요하며 아주 작은 지원도 큰 힘이 될 수 있는 시기는 바로 사람이 인격을 형성하는 기간, 즉 인생의 발판을 마련하고자 애쓰는 때입니다. 앤드루 카네기Andrew Carnegie가 어려웠던 소년 시절 빌려 읽었던 몇 권의 책은 그가 자신의 사업을 시작할 때 큰 영감을 주었습니다. 그는 후에 전국에 도서관을 설립하여 자신이 입은 혜택의 백만 배만큼을 후손들에게 돌려줌으로써 자신이 받은 은혜를 고귀하게 갚았습니다. 아직 무르지만 힘차게 자라나는 어린나무들을 도와주십시오. 이미 튼튼하게 자라버린 떡갈나무는 여러분의 도움이 필요 없습니다.

격려하는 말은 상대방에게 그 말이 정말 필요한 순간에 하는 것입니다. 격려를 가장하여 어떤 주장을 하고 싶거나 혹은 나중에 선심을 얻기 위해 교묘하게 미리 그와 같은 말을 하는 것이라면 결코 해서는 안 됩니다. 콜럼버스

앤드루 카네기(Andrew Carnegie, 1835~1919)
(Theodore C. Marceau, 1913년작)

의 일화를 생각해봅시다. 선원들이 반란을 일으켜 콜럼버
스를 둘러싸고 죽이겠다고 위협했을 때 그를 지켜줄 사람
은 곁에 아무도 없었습니다.* 하지만 그때 배는 육지에 가

- - - - - - - - - - -

* 譯註: 대서양을 건너면 인도가 나오리라는 확신으로 출항했으나 2개월이 넘도록
  망망대해만 계속되자 두려워진 선원들은 회항을 요구했으나 콜럼버스가 이를 묵
  살한 것이 반란의 계기가 되었다.

까이 접근하고 있었고, 그들 앞에는 신대륙의 부가 펼쳐
졌습니다. 그러자 반란을 일으켰던 선원들은 그의 발 앞
에 엎드려 그를 거의 신처럼 떠받들었고, 진정으로 하늘로
부터 영감을 받은 사람이라고 칭송했습니다. 성공이 콜럼
버스라는 인물에 대한 평가를 바꿔놓았습니다. 자갈이 깔
린 긴 해변과 몇 그루의 나무 덕분에 그는 신성한 존재가
된 것입니다. 하지만 그러한 성공을 이루기 위해 애쓰는
과정에서도 조금만 더 그를 위해 인내해주고, 그에게 조금
더 친밀한 우정을 보여주었더라면, 그와 같은 목표를 바라
보고, 기다리고, 갈망하는 시간에서 형제애를 조금 더 발
휘했더라면 그의 영혼에는 크나큰 위안이 되었을 것입
니다.

　최소한으로 투자했지만 최대한의 수익이 돌아오는 경
우처럼, 아주 작은 친절이 나중에 큰 결실을 보게 되는 인
생의 시기는 즐거움이 가장 중요한 때인 어린 시절입니다.
어린이들에게 햇빛, 사랑, 우정을 줍시다. 그리고 물론 그
들 자신에게는 너무나 큰 일이겠지만 그들의 작은 고민과
걱정들에 대해 공감해 주고, 그들의 자라나는 희망에 대해
서, 즉 비록 막연하고 두서없을지언정 그들이 무엇을 꿈꾸
고 동경하는지에 대해서 진심으로 관심을 기울여줍시다.

『아메리카 대륙에 도착한 크리스토퍼 콜럼버스(Christoper Columbus arrives in America)』
(Louis Prang & Company, 1893년작)

우리 자신의 눈높이를 어린이와 맞추고, 그들의 눈으로 세
상을 바라봅시다. 그렇게 하고 나서 우리의 더 큰 지혜로
그들의 관점의 오류를 부드럽게 바로잡아줄 수 있도록 합
시다. 그런 작은 행동들이 그들을 진정으로 행복하게 하며,
너무 늦게 오는 천 배 더 크고 대단한 것들보다 훨씬 더 그
들을 행복하게 합니다.

무엇을 미루는 행위는 수많은 너무 늦게 오는 것들의 아
버지라고 할 수 있습니다. 미루기 좋아하는 사람들은 "내

일 다시 연락하겠다"는 조건으로 약속을 잡습니다. 그것은 사람이 자신을 통제하지 못하게 하고, 정신적 에너지를 소모케 하며, 인간을 환경의 창조자가 아닌 피조물로 전락시킵니다. 미루는 것이 미덕인 경우는 딱 한 가지밖에 없습니다. 그것은 내일로 미룰 수 있는 잘못을 오늘 결코 하지 않는 것입니다. 다시 말해, 자신의 내일을 부끄럽게 만들 만할 일을 오늘 결코 하지 않는 것입니다.

살다 보면 침묵 속에 작은 오해들이 스쳐 가는 바람에 친구 사이가 소원해지는 경우도 가끔 있는데, 각자 자존심이 너무나 완강하거나, 자의식에만 빠져 있으면 이런 오해들을 풀기가 어렵습니다. 사실 이럴 때도 솔직한 말 몇 마디가 모든 것을 바로잡아 구름은 걷히고 다시 사랑의 햇살이 쏟아져 나오게 할 수 있습니다. 하지만 각자 자신들의 약하고 사소한 자존감을 지키느라, 균열은 더 커지고 점점 벌어지면서, 각자 상대방이 먼저 손 내밀어주길 갈망하며 외로운 길을 갑니다. 그러다 결국 자신의 삶에서 그 깨어져 버린 우정의 파편을 맞추기에는 너무 늦었다는 것을 어느 순간 깨닫게 될지도 모릅니다.

사람들은 인생의 수천 가지 국면에서 너무 늦게 오는 지혜 때문에 짜증을 내고 우울해하는 경우가 허다합니다.

하지만 그것의 대부분은 경험을 위해 어쩔 수 없는 것으로 받아들여야 합니다. 지혜가 너무 늦게라도 오지 않는다면 경험도 생기지 않기 때문입니다. 즉 그 덕분에 결국 오늘의 우리는 어제보다는 더 현명해지고, 우리가 모든 것을 진정한 관계 속에서 바라볼 수 있게 되며, 그리고 우리의 삶의 길이 밝혀지는 것입니다.

세상은 모든 것을 결과로만 판단하려고 합니다. 모두가 성공과 번영이라는 주식을 소유한 주주株主가 되고 싶어하지만, 공감과 이해심이 있는가에 대해 감사監査를 받는 것은 피하려고 합니다. 배를 타고 운하의 물줄기를 거슬러서 가는 사람은 물의 흐름을 막기 위해 두세 개의 수문들을 다른 배들이 작동시켜주어야 하는 도움이 필요할 수 있습니다. 그런데 조류가 바뀌어 그 사람이 탄 배가 원하는 방향으로 빠르게 움직이고 그래서 이제는 힘들이지 않고도 앞으로 진행할 수 있게 되니까, 사방팔방에서 자신을 향해 달려오는 배들을 발견하게 됩니다. 마치 자신이 갑자기 잠에서 깨어나 보트 경기에 참가라도 하게 된 것처럼 말입니다. 도움은 그렇게 너무 늦게 찾아왔고, 이제 그 사람은 도움이 필요하지도 않습니다. 하지만 그 사람은 이럴 때도 냉소주의, 냉담함, 이기심이 자신을 유혹하는 것을 경계해야 합니다. 그러고 나서 그 사람은 그러한 냉소주의 따위가 소위 "세상의 방식"이라 할지라도 그것들을 "자신의 방식"으로 받아들여서는 안 된다는 것을 깨닫고 결심해야 합니다. 그 사람에게 도움은 너무 늦게 왔을지 모르나 그 사람이 자신처럼 씩씩하게 애를 쓴 다른 사람을 격려하는 것은 너무 늦지 않았습니다. 심지가 굳지 못한 사람은 위험한 상황에서 격려 어린 다정한 말 한마디조차 하는 사람이 없다는 절망감에 젓던 노를 떨어뜨릴 수도 있는 것이니까요.

고리타분할지도 모르지만 이런 철학이 담긴 옛 노랫말도 있습니다. "물레방아도 이미 지나간 물로는 다시 곡식을 빻을 수가 없지요." 그렇습니다. 왜 물레방아가 같은 물을 계속해서 사용하기를 바라야 합니까? 한바탕 물레방아를 즐겁게 돌고 내려간 그 물은 이제 계곡을 따라 쉬지 않고 계속 더 멀리 갈 것이며 잘 흘러갈 것입니다. 흘러가버린 물을 아쉬워하는 것은 어리석은 짓입니다. 그보다는 지금 흐르고 있는 거대한 물줄기를 생각해야 합니다. 지금 흐르는 물을 가능한 잘 사용하는 데 집중하다 보면, 그 물이 지나가더라도 여러분은 그 물을 사용할 수 있었다는 것을 기쁘게 여기고 그것이 준 이로움에 만족할 것입니다.

시간이란 끝없이 흐르며 우리를 날마다 찾아오는 강력한 물줄기입니다. 흘러간 과거의 물을 아쉬워하느라 현재 자신의 눈앞에서 힘차게 흐르는 강물을 보지 못하는 것은 완전히 어리석은 짓입니다. 오늘 우리가 할 수 있는 최선을 다해서 내일을 준비합시다. 그러면 너무 늦게 오는 것조차도 지금 우리 앞에 있는 현재에, 그리고 우리가 만들어 나가고 있는 미래에 사용할 새로운 지혜의 계시가 될 것입니다.

8

개혁가의
길

...

세상의 개혁가들은 강한 목적의식을 가진 사람들입니다. 그들은 각자의 신념을 용기 있게 지키는 사람들로 뭇사람들의 비판에도 굴하지 않으며, 영광을 얻게 된다는 보장이 없어도 자신들이 옳다고 여기는 것을 위해서라면 스스로 십자가를 지는 사람들입니다. 그들은 기꺼이 깊은 침묵과 어둠과 망각의 심연으로 내려가지만, 잠수사처럼 마침내 손에 진주를 들고 다시 떠오르는 사람들입니다.

3인의 동방 박사가 동쪽의 별을 따라갔듯이, 자신의 확실한 목적을 별처럼 응시하며 그 숭고한 목표를 달성하기 위해 지칠 줄도 모르며 노력하는 사람은 개혁가입니다. 어떤 위대한 종교적 사상의 가르침을 충실히 따르고, 다른 이들이 미약하고 떨리는 발걸음으로 신앙의 길을 걷고 있

으면 그들에게 든든한 도움을 줌으로써 확실한 영광으로
이끄는 사람은 개혁가입니다. 과학의 어떤 분야에서 가는
실마리를 발견하고, 그 실마리가 자신의 손에서 확고한 이
론이 되어 자연법칙의 경이로운 빛으로 이끌 때까지, 진리
를 추구하는 일념으로 의심, 희망, 실험, 의문의 미로를 헤
쳐 나가며 끝까지 추적하는 사람은 개혁가입니다.

　홀로 진리의 산에 올라가 어떤 강력한 계시의 빛을 받
아, 재촉하는 세상 사람들에게 자신의 이야기를 들려주기
위하여 돌아오는 사람은 개혁가입니다. 자신의 운명을 스
스로 개척하고자 하며 그러한 일생의 과업을 자신의 본성
의 외침에 따라 용감하게 그리고 침착하게 다른 사람들의
권익과 자신의 의무를 고려하며 수행해나가는 사람은 누
구든지 개혁가라고 할 수 있습니다.

　더 나은 것을 위해서 평범하고 관습적인 것을 포기하는
사람들은 새로운 환경을 만들기 위해 애쓰고 있으므로 개
혁자들이라고 할 수 있습니다. 그들은 그들의 삶을 이상
에 바치고 있습니다. 그들은 용감하고 공격적인 진보의
선봉입니다. 그들은 포위包圍를 버텨낼 수 있으며, 긴 강행
군에도 투덜거리지 않고, 이를 악물고 고개를 숙인 채 포
연砲煙을 뚫고 나아가며, 어떠한 시련과 곤란이 감히 그들

을 위협할지라도 묵묵히 미소를 짓는 사람들입니다. 그들은 자신이 바라는 희망의 성채에 이미 승리의 깃발이 펄럭이고 있는 듯 사기가 충천하여, 전투 중에 생기는 어떠한 어려움과 위험에도 걱정하지 않습니다,

우리 삶에서 어떤 위대한 야망을 품을 때가 온다면, 과연 우리의 그러한 영웅적인 계획이 우리가 그것을 성취하기 위해 지불해야만 하는 대가만큼 훌륭하고, 높고, 고귀하고, 숭고한 것인지를 생각해보아야 합니다. 우리가 필요한 게 무엇이고, 어떤 능력과 자원이 있으며, 우리의 책임이 무엇인지 있는 그대로 진지하게 고찰해보아서 우리를 이끄는 야망이 단순한 일시적인 변덕이 아니라는 확신을 자신에게 줍시다. 모든 조언, 모든 측면에 적용될 수 있는 모든 견해들에 귀 기울이고 심사숙고합시다. 마치 법정의 판사가 증언을 듣고 나서 스스로 판결을 내리듯이 들읍시다. 자기 자신에 대해서 자기만큼 철저하게 알고 있는 사람은 없으며, 자기 일생의 과업을 선택하는 일은 다른 사람에 의해서 가볍게 결정되기엔 너무나 신성한 책무입니다. 우리가 중대한 문제에 대해서 심사숙고하다 어떤 결정을 내렸다면, 실천합시다. 우리가 가장 중요하게 느끼는 것에 집중해서 살고, 진정한 의무를 포기하지 말 것

이며, 고귀한 목표를 성취하기 위한 길이라면 어떠한 정직한 대가를 치르더라도 돌아가거나 회피하지 맙시다.

자연이 어떤 사람을 개혁가로 결정하면, 그 사람이 간직해야 할 중요한 교훈을 속삭여주고, 그 사람의 손에 용기의 지팡이를 들려주며, 그 사람에게 인내와 자립自立의 가운을 둘러주어 개혁가의 길을 시작하도록 합니다. 그러고 나서, 그 사람이 모든 시련을 견뎌낼 힘을 가질 수 있도록, 자연은 자비롭게도 잠깐 그 사람을 다시 불러서 낙관주의자가 되도록 합니다.

개혁가의 길은 아주 힘들고도 어려운 길입니다. 하지만 세상은 그런 사정을 잘 알지 못합니다. 왜냐하면 개혁가가 투쟁하며 입은 상처, 멀어져 보이는 희망이 주는 고통, 위대한 목표 의식이 절망의 거센 물결에 휩쓸리는 모습들을 드러내는 경우는 드물기 때문입니다. 진실한 목표와 사심 없는 높은 야망을 품은 사람들도 때로는 투쟁에 힘들고 지친 나머지 세상 사람들이 듣는데도 절망감을 억누르지 못하고 흐느끼거나 자신의 모든 노력이 헛되었다며 순간적으로 탄식을 내뱉을 때도 있습니다. 하지만 위대한 목적과 숭고한 이상을 가진 사람들은 개혁가의 길은 고독하다는 것을 자각하고 있어야 합니다. 그들은 외부로부터의 도움에 근본적으로 의존하기보다는 자기 내면의 힘을 믿고 살아가야 합니다. 그들의 사명, 그들의 숭고한 목적, 그들이 자신의 모든 에너지를 집중하는 삶의 지상 목표가 자신에게 힘을 주고 동기를 부여하는 원천이 되어야 합니다. 개혁가는 자신만의 영감을 횃불로 밝혀야 합니다. 신성한 그 불꽃을 항상 지키면서 자신의 고독한 길에서 묵묵히 앞으로 나아가야 합니다.

도덕, 교육, 종교, 사회학, 발명, 철학, 그 밖에 열망을 가진 어떤 분야에서든지 개혁가는 항상 선구자입니다. 개혁가에게는 다른 사람들을 위해 길을 비추어 주어야 할 영광스러운 책무가 있습니다. 즉 자신은 위험을 무릅쓰면서 사람들이 안전하게 따라올 수 있도록 길을 표시해 나갑니다. 개혁가는 자신을 위하여 걷기 좋게 포장된 길을 기대해서는 안 됩니다. 오히려 언제나 같은 시대를 살아가는 사람들로부터 부당함, 배은망덕, 반대, 오해, 잔인한 비판을 겪어야 하며, 특히 무엇보다도 가장 뼈아픈 것으로, 자신을 가장 사랑하는 사람들에게서조차 의구심 어린 책망을 받아야 하는 상황도 자주 직면해야 합니다. 개혁가는 이 사실을 반드시 깨닫고 있어야 합니다.

이는 거북이가 독수리의 비행을 공감하리라고 기대해

서는 안 되는 것과 마찬가지입니다. 위대한 목적을 향해 걷는 길은 언제나 외롭기 마련입니다. 결사대決死隊를 이끄는 지휘관이 부대원이 자기와 나란히 서서 돌격하지 않는다고 불평해야 할까요? 그 지휘관은 자신 앞에 영광스러운 기회가 놓여 있음에 힘을 북돋우며 자신의 임무에 집중하느라 그런 생각 따위는 전혀 하지 않을 것입니다. 위기를 돌파하기 위해 자기가 앞장선다면 부대가 '반드시' 자신을 따라오며 싸운다는 사실을 알고 있을 뿐입니다.

숨 가쁘게 돌아가는 이 세상은 개혁가가 하고 있는 투쟁에는 거의 관심이 없으며, 단지 그 사람이 마지막에 승리를 거두고 성공할 때만 관심이 있습니다. 다시 말해, 세상은 그 사람의 잔치는 함께 하지만 단식은 함께 하지 않습니다. 개혁가 자신은 이 사실을 깨닫고 있어야 합니다. 겟세마니 동산* 에서 그리스도는 혼자였으나, 광야에서 음식을 주며 설교할 때는 4천 명이 함께 있었습니다.**

----

* 譯註: 예수가 수난당하기 전날 밤에 올라간 곳. 이곳에서 다음과 같은 기도를 하였다. "아버지, 아버지께서 원하시면 이 잔을 저에게서 거두어 주십시오. 그러나 제 뜻이 아니라 아버지의 뜻이 이루어지게 하십시오."(마르 14,36)

** 譯註: 사천 명을 먹이신 기적(마르 8,1—9)

『겟세마니 동산의 예수(Christ in Gethsemane)』(Heinrich Hofmann, 1886년작)

세상의 태도는 아주 솔직합니다. 세상이 큰 진리를 깨
닫고, 받아들이며, 완전히 이해하기까지는 시간이 걸립

니다. 역사가 시작된 이래 모든 시대에서 전통을 고수하려는 정신은 막강하였으며, 이는 어찌 보면 세상을 안정시키는 밸러스트* 역할을 하였기에, 위대한 진리라도 세상의 안전을 위해서는 느리게 수용할 수밖에 없었습니다. 즉 그러한 진리가 완전히 받아들여지려면, 현명하고, 명확하며, 절대적이고, 부인할 수 없는 증명이 필요한 것입니다. 세상이 진리를 완벽히 깨닫기까지 때로는 몇 년, 또 때로는 몇 세대가 걸릴 수 있습니다. 이것이야말로 진리의 안전장치입니다. 시간은 진리를 가려내는 최고의 시험이며, 허위 주장, 거짓 폭로, 허장성세, 그리고 헛된 꿈 등의 쭉정이를 가려내는 최고 법원입니다. 또한 시간은 마침내 순금을 밝혀내는 시금석試金石입니다. 그러한 과정은 어쩔 수 없이 더디며, 세상의 천재와 개혁가들이 당대에 받는 비판을 생각한다면 종국에는 쓰디쓴 냉소가 아닌 그만큼의 달콤한 위로도 있어야 마땅할 것입니다. 세상의 가장 위대한 리더들도 인정받기 위해서 오랜 시간을 기다려야 했습니다. 우리 스스로가 최고의 성취를 이룬다 해도 그러한 리더들에 비하면 아무것도 아닐지도 모르는데, 하물

- - - - - - - - - - -

* 譯註: 선박의 균형과 안정을 위해 하부에 적재하는 중량물

며 단지 발전해나가고 있는 과정에서 세상으로부터 즉각적인 공감, 감사, 협력을 기대해서야 되겠습니까?

세상은 각 분야의 리더들에게 항상 이렇게 말할 것입니다. "만약 당신이 우리를 더 높은 차원의 사상, 더 순수한 삶의 이상, 찬란한 빛으로 인도하려면, 마치 불길한 예언 같겠지만 모든 발전의 영광을 얻기 위한 대가는 우리가 아닌, '당신'이 치러야만 할 것입니다." 세상에는 마치 케플러의 법칙처럼 명확하게 정의된 법칙이 하나 있습니다. "어느 분야에서나 개혁 작업에 대한 동시대인들의 신용은 그 개혁이 가진 중요성의 제곱근에 반비례한다." 개혁가 당신이 우리에게 새로운 유행을 안겨준다면, 우리는 당장 땅바닥에 엎드려 당신을 찬양할 것입니다. 그런데 당신이 우리에게 일시적인 유행이 아닌 새로운 철학, 놀라운 계시, 삶과 도덕에 대한 더 높은 개념을 가져다준다면, 우리는 당신을 그냥 무시할지도 모르지만, 우리 후세 사람들은 당신을 인정하고 값을 치러줄 것입니다. 당신의 가르침은 착불로 보내세요. 후세 사람들이 정산할 것입니다. 당신이 돈을 청구하더라도 후세 사람들은 당신에게 돌을 하나 줄 것입니다. 기념비라는 이름의 돌을.

천재로 하여금 자신의 최대한을 발휘하지 못하도록 좌

절시킬 수 있는 것은 아무것도 없습니다. 천재가 위대한 이유는 자신이 살고 있는 시대보다 수십 년을 앞서 있기 때문입니다. 천재의 진가를 알아보려면 통찰력 혹은 그와 같은 능력이 필요합니다. 일반 대중들은 단지 몇 걸음 앞에 있는 것만 완전히 이해할 수 있습니다. 따라서 위대한 사상을 알아볼 수 있으려면 이보다 훨씬 더 큰 통찰력이 필요한 것입니다. 천재나 개혁가는 이런 대중들의 특성을 어쩔 수 없는 것으로 받아들여야 합니다. 마치 오케스트라 공연에서 앞좌석이 뒤에 있는 삼등석보다 더 비싼 것처럼, 이것은 그들이 자신의 세대보다 앞서 나갔기에 치러야 하는 대가인 것입니다.

세상의 방식은 공정합니다. 즉 세상은 "당신은 지금 고통받겠지만, 나중에 우리가 당신에게 명성을 줄 것입니다"라고 말하고 있으니까요. 그렇게 사후死後에 명성을 얻는다는 것은, 자신은 추위에 떨어도 손자들은 모피 코트를 입게 되며, 자신은 도토리를 심지만 자신의 후손들은 참나무를 베어 내다 팔 수 있게 된다는 것을 의미합니다. 즉 사후의 명성 또는 인정이란 발행은 본인에게 하지만, 지급은 상속인에게만 하는 수표와도 같습니다.

새로운 생각만큼 세상이 간절히 바라는 것도 없지만, 동시에 그것만큼 두려워하는 것도 없습니다. 역사에서 진보의 이정표가 되는 시대적 사건들이 이를 잘 말해줍니다. 갈릴레오는 70세에 투옥당했으며, 그의 작품은 금지되었습니다. 그에게 죄가 있다면 그의 세대보다 앞서 있었다는 것뿐입니다. 하비의 혈액순환론은 출판된 지 25년이 지나서야 세계의 여러 대학에서 받아들였습니다.* 온화한 인품의 탁월한 유아 교육 사상가인 프뢰벨** 도 개혁가들이 겪어야 하는 시련과 고난을 겪었고, 그가 만든 교육 체계는 "우리 나라의 어린이들에게 무신론을 교육하기 위한 계략"이라는 이유로 프로이센에서 금지되었습니다. 그 밖에도 수천 명의 사람들이 이러한 운명을 겪었습니다.

세인들은 허공에 손사래를 치며 이렇게 부인할 것입니다. "혁신을 반대했던 건 모두 과거의 사건일 뿐이며, 오늘날 위대한 개혁가나 위대한 천재는 인정을 받고 있는걸요." 아니요, 그렇지 않습니다. 과거에는 위대한 진리를 반대함으로써 죽이려고 했지만, 지금은 그것을 그저 일시적 유

----

* 譯註: 하비 이전의 통설(通說)은 혈액이 간에서 생성되어 정맥을 따라 흐르다 소멸한다는 이론이었다.

** 譯註: 프리드리히 프뢰벨(Friedrich Wilhelm August Fröbel, 1782~1852). 세계 최초로 유치원(Kindergarten)을 창설하였다.

162

행처럼 취급함으로써 질식시켜 죽이려고 한다고 해야 맞는 설명입니다.

따라서 인간 본성에 관한 책을 쓴다면 다음과 같은 말을 집어넣어야 합니다. "세상을 구하려는 사람은 반드시 순교해야만 한다." 사람들을 구원하기 위해 그리스도가 십자가에 못 박혀 죽은 사건은, 어떤 위대한 진리의 메시지, 어떤 확실한 신의 계시를 사람들에게 전해주는 자들이라면 당할 수밖에 없는 동시대 여론의 십자가형을 상징합니다. 진실, 옳음, 그리고 정의는 반드시 승리하게 되어있습니다. 위대한 업적을 보고 "실패했다"고 단정 짓는 우를 범하지 맙시다.

결과가 아무리 희미해 보이고, 앞날이 아무리 암담해 보인다 해도, 역사가 영광스럽게 완성되고 미래가 모습을 드러낼 그날은 '반드시' 옵니다. 그리스도는 삼십여 년을 살았고, 열두 제자가 있었는데, 한 제자는 그를 부인하였고, 한 제자는 그를 의심하였으며, 한 제자는 그를 배반하였고, 나머지 아홉 제자도 다 인간적인 약점들이 많았습니다. 그런 그리스도가 인생 최대의 위기를 맞이했을 때 "그들 '모두'가 그리스도를 버리고 도망쳤지만", 오늘날 그의 추종자들은 헤아릴 수 없이 많습니다.

사람들의 공감은 참으로 따뜻하며, 신뢰와 사랑으로 맞잡은 손길은 고군분투하고 있는 우리에게 새로운 힘이 솟아나도록 해줍니다. 그리고 우리에게 소중한 사람들도 우리를 통해서 사랑과 우정으로 함께 미래를 바라볼 수 있다고 생각하면, 새로운 삶이 마치 경이로운 한 줄기 바람처럼 다가오는 듯합니다. 우리에게 이렇게 신의를 보여주는 사람이 두세 명 정도만 있어도, 온 세상이 우리에 관해서 어떻게 말하거나 어떻게 생각하는지는 별로 중요하지 않습니다. 하지만 이들마저 우리를 부인한다면, 그래도 우리는 반드시 떠오를 태양을 향해서 용감하게 홀로 고된 길을 걸어가야 합니다.

우리를 둘러싼 작은 세상이 우리를 이해하지 못하고, 우리의 야망을 귀하게 여기지 않으며, 우리의 노력에 공감하지 않아서 허망해 보일지라도, 세상이 일부러 우리한테 잔인하고 냉담하며 신랄하고 맹목적이며 무정하게 구는 것은 아닙니다. 세상 사람들은 단지 자신들만의 목표, 문제, 즐거움 따위로 바빠서, 우리처럼 깨닫고 이해하지 못하고 있을 뿐입니다.

세상은 우리가 가진 이상을 우리가 바라보는 그대로 보지 못하고 있으며, 우리의 피를 끓어오르게 하고, 우리의 눈을 밝게 하며, 우리의 영혼에 경이로운 빛이 넘쳐흐르게 하는 창발創發의 불꽃을 느끼지 못하고 있습니다. 세상은 우리 앞에 놓인 아직 거친 대리석 덩어리와 그것을 연마하느라 나온 돌조각과 파편들이 어지럽게 널려있는 것만을 보지만, 우리의 지칠 줄 모르는 끌질 끝에 무無에서 유有가 창조되어 돌덩어리에 갇혀있던 천사가 모습을 드러내고 있는 것은 보지 못합니다. 세상은 이미 우리 앞에서 천사가 날개를 펄럭이며 내는 작은 소리도, 이미 우리 귓가에 울려 퍼지고 있는 영광스러운 승리의 음악도 듣지 못합니다.

위대한 과업을 이루는 과정에는 반드시 어둡고 음울한 날들이 찾아옵니다. 이런 날에는 자신의 노력이 아무 소용도 없어 보이고, 희망은 거의 망상처럼 보이며, 자신의 신념조차 어리석은 신기루 같이 느껴집니다. 여러분의 항해에서 때로는 배가 움직일 수 있는 바람 한 점이 없어서, 며칠씩 돛은 돛대 위에서 축 처진 채 느릿느릿 흔들거리고 여러분은 무력감에 마비된 듯 그저 멍하니 앉아 하염없이 기다리기만 해야 할 때도 있는 것입니다. 또 때로는 여러분의 희망이라는 배가 조류에 휩쓸려 몇 달 동안 항해해 온 노력이 순식간에 수포로 돌아갈 수도 있습니다. 하지만 실제로는 그렇게 되지 않을 수도 있으며, 되려 그 덕분에 여러분이 감히 기대했던 것보다도 더 피항지避航地에 가깝게 갈 수 있는 새로운 항로에 배가 들어갈 수도 있습니다. 이러한 역경의 순간은 우리를 시험하는 시간이고, 우리가 상황의 주인인지 노예인지를 결정하는 시간입니다. 마치 마렝고Marengo 전투* 처럼, 정말 다 패배한 것처럼 보였어도 기어이 승리를 쟁취해내는 싸움입니다.

『마렝고 전투를 지휘하는 나폴레옹(First consul Napoleone Bonaparte at the battle of Marengo)』(Alphonse Lalauze, 1914년작)

여러분의 머리와 가슴이 옳다고 말하는 어떤 위대하고

----

* 譯註: 1806년, 오스트리아에 기습을 당해 위기에 빠진 나폴레옹의 프랑스군이 반격에 성공한 전투

중요한 목적을 이루려 한다면 개혁가의 정신이 있어야 합니다. 여러분은 시련, 슬픔, 실망에 당당하게 맞설 수 있고, 이에 상처받거나 굴하지 않고 앞으로 나아갈 수 있는 용기가 있어야 합니다. 반드시 결과는 올 것이라는 신념을 지키는 그 숭고함으로, 그런 시련 따위는 마치 피라미드 위에 떨어지는 한 방울 이슬처럼 여러분에게 아무런 해를 입힐 수 없게 무력화시킬 수 있습니다.

시간은 진실의 편이기에, 시간이 흐르면 결국에는 항상 진실이 승리합니다. 세상의 몰이해, 냉담함, 무관심을 느낀다 하더라도 여러분은 결코 비관적이 되어서는 안 됩니다. 되려 이것들이 자신을 자극하는 동기가 되도록 해야 합니다. 세상에 있는 어떠한 방해물도 진실의 승리를 결코 막을 수 없으며, 여러분이 행하는 과업은 너무나 위대하기에 주변 사람들이 일으키는 사소한 질투, 곡해, 곤란들은 결국 사그라들게 된다는 낙관적인 마음을 가지고서 그렇게 해야 합니다. 왕의 전령이 왕의 말을 전하는 임무를 완수했다면, 자신의 여정에서 겪은 시련과 고난이 무슨 상관이 있겠습니까? 큰 행동이나 훌륭한 계획을 진전시키려면 반드시 시간이 필요합니다. 위대한 일을 성취하고 싶다면 당당하게 그 값을 치르십시오.

『허위와 질투로부터 진실을 구하는 시간
(Time Saving Truth from Falsehood and Envy)』
(François Lemoyne, 1737년작)

무를 심고 거두는 일은 누구나 할 수 있지만, 도토리를 심고 떡갈나무가 되기를 기다리는 일은 용기가 필요합니다.

단지 '구름만을' 보는 게 아니라, 구름 너머로 빛나는 태양을 바라보는 법을 배우십시오. 상황이 암울해 보일 때, 여러분의 병기兵器를 더 단단히 잡고 더 치열하게 싸우십시오. 여러분은 스스로가 느끼는 것보다 항상 더 크게 진척해나갈 것입니다. 전투에 대해서 말해주는 것은 오직 최후의 결과뿐입니다.

모든 싸움이 끝나고 승리는 여러분의 차지가 되어 포연이 걷히고 화약 냄새는 사라진 그때, 여러분은 싸움의 중압을 견디지 못해 죽은 전우들을 잘 묻어주고, 또 여러분을 의심하면서도 여러분 곁을 묵묵히 지켜주던 사람들의 상처도 간호해줄 것입니다. 그 순간이 오면, 그렇게도 힘겹게 싸워온 세월도 어느 날의 꿈처럼 느껴질 것입니다. 여러분은 용기백배하고, 희망에 차오르며, 싸움으로 강해져 있을 것이고, 대의大義를 위한 성전聖戰을 고결하게 치러냄으로써 새롭게, 더 낫게, 더 굳건하게 다시 태어나 우뚝 설 것입니다. 그렇게 되면 여러분이 치른 값이 조금도 비싸게 느껴지지 않을 것입니다.

    번역의 과정은 플라톤의 『파이드로스』에서처럼,
두 마리의 말이 끄는 마차로 달리는 여정과도 같습니다.
두 마리 말 중 하나는 혈통이 좋고 유순한 성격의 말이
고 다른 하나는 사납고 길들지 않아 날뛰는 말인데,
전자가 직역直譯이라면 후자는 의역意譯이라고 할 수 있
습니다. 번역가는 이 둘에게 원문source text을 함께 섭취하
게 하며 완역完譯이라는 이데아를 향해 달려야 합니다.
여기서 중요한 것은 두 마리 말을 조화롭게 통제하면서
달리게 하는 일입니다. 즉, 두 말 중 어느 한쪽이 너무
앞서가거나 서로 부딪히지 않고 달리도록 해야 하는 것
입니다. 글에 대한 온전한 이해가 수반되지 않은 채 축자
적인 해석으로만 도피하는 것은 좋은 번역이 아닙니다.
하지만 그렇다고 해서 자신의 이해력을 과시하듯 지나

치게 자기 생각을 앞세우는 것도 지양해야 합니다. 다시 말해, 직역에만 치우친 번역은 번역이라기보다는 무미건조한 해석이 될 위험이 있고, 마찬가지로 지나친 의역 또한 독자 스스로 글을 읽으며 뜻을 발견하게 되는 즐거움까지 방해하는 우를 범할 수 있다는 뜻입니다.

이렇듯 번역을 한다는 것은 결코 단순한 문자 배열 작업이 아니라 입체적이고 종합적인 통찰이 필요한 매우 어렵고 고된 일이라는 것을 항상 절감합니다. 그런데 다른 한편으로는 그런 고된 작업 안에서 무엇과도 비교하기 힘든 희열을 또한 느낍니다. 본 역자는 링기스트 Linguist로서 하루 대부분의 시간을 글을 다루며 보내고 있습니다. 제가 본업으로 몸담고 있는 업계는 사실 전통적 의미의 문학이나 출판 번역과는 다소 거리가 먼 '산업 번역'이라는 또 다른 텍스트의 세계입니다. 따라서 하루 종일 회사 업무를 마치고 퇴근해서 또다시 활자를 쳐다보는 것이 지칠 만도 한데, 묘하게도 저녁 시간에 『진실의 힘』을 우리말로 옮기는 작업을 할 때면 언제나 새로운 활력이 솟아올랐습니다. 이 책의 탁월한 비유와 유머 감각에 감탄하며 웃음 짓기도 하고,

어떤 부분에서는 마치 현시대에 공명共鳴하는 외침 같은
것을 느끼고 전율하기도 했습니다. 지금 우리가 사는
시대는 도파민dopamine과 파밍farming을 결합한 '도파밍'
이라는 신조어가 생길 만큼 여러 가지 말초적이고 자극
적인 콘텐츠가 난무하고 있습니다. 이러한 현시대에 백
년 전 쓰인 이 담백한 글이 주는 여운은 무더운 여름날
시원하게 내리는 한 줄기 소나기와도 같이 상쾌하게 느
껴집니다. 『진실의 힘』에 수록된 문장들은 책의 제목이
주는 임팩트만큼 간결하면서도 아름답습니다. 이 책에
서 말하고 있는 진실의 속성처럼 그 안에 담긴 글 또한
'진실'을 향해 직선거리로 내닫고 있기 때문입니다.

　정성을 다하여 번역했지만, 혹여 미흡하거나 잘못된
부분이 있을 수 있으며 그렇다면 이는 온전히 본 역자
의 책임입니다. 혹시라도 본 역자에게 들려주실 고견이
나 기타 책에 관련된 피드백은 nitenchoi@gmail.com
을 통해 기탄없이 말씀해 주시면 경청하도록 하겠습니
다. 앞으로도 계속 좋은 작품을 발굴하고 번역해서 출
간까지 이어지는 기쁨을 독자 여러분과 함께 나누고 싶
습니다. 국문판 『진실의 힘』이 나오기까지 저에게 큰 힘

을 실어준 가족과 친구들에게 무한한 고마움을 전합니다. 또한 출간 기획을 흔쾌히 수락해 주신 「도서출판 행복에너지」의 권선복 대표님, 그리고 책이 아름다운 모습을 갖추도록 해주신 디자이너님을 비롯하여 이 책이 나오기까지 애써주신 출판사의 모든 분께 이 페이지를 빌어 감사의 말씀을 전합니다.

2024년 2월, 인천대교의 낙조落照를 바라보며

Valentino Choi

권선복 | 도서출판 행복에너지 대표이사

체념과 자기 연민의 시대에 던지는 뜨거운 메시지

눈부신 성장을 거듭하며 선진국의 반열에 오른 대한민국. 하지만 최근 다양한 사회적 난제가 맞물리면서 가장 진취적이어야 할 젊은 세대들에게도 체념적이고 자기 연민적인 분위기가 만연해진 것이 사실입니다. 나 자신이, 우리 주변이, 이 사회가 더 좋아질 것이라는 희망이 없이, 그저 하루하루 생존을 위해 쳇바퀴를 돌리듯이 삶에 매몰되기 쉬운 세상입니다.

"어둠이 걷히고, 해가 뜨는 때는 반드시 옵니다. 그렇게 되면, 여러분이 치른 값이 조금도 비싸게 느껴지지 않을 것입니다."

이 책 『진실의 힘』은 미국의 작가 윌리엄 조던의 1902년 출간 작입니다. 일견 흔한 자기계발서의 한 종류로 보일 수도 있지만 많은 자기계발서가 개인의 성공을 최우선순위로 놓고 그에 필요한 성장을 이야기하는 것과는 다르게 이 책은 기독교적 윤리관과 계몽주의적 도덕관에 기반하여 개인이 어떻게 진정한 영적 성장을 이룰 수 있는지, 그리고 개인의 성장이 어떤 방식으로 사회의 발전을 가져오는지, 우리 모두가 사회를 발전시키는 '개혁가'가 되어야 하는 이유가 무엇인지에 대해서 뜨거운 목소리로 설득하고 있다는 점이 특징입니다.

책은 특히 하느님의 뜻과 일치하는 진리와 이성에 대한 믿음을 강조하고 있으며, 우리가 왜 고난을 겪더라도 항상 올바름을 추구하면서 살아야 하는지를 명쾌하게 설명하고 있습니다. 또한 독실한 기독교 신앙에 기초하면서도, 종교적인 편견을 최대한 배제하고 보편적인 영성과 인간의 합리성, 인류애적 가치에 호소하고 있어 종교와 문화를 가리지 않고 남녀노소 모두에게 감동을 안겨주는 글이 될 수 있을 것입니다.

이 책을 번역한 최영열 역자는 연세대학교 철학과, 성균관대학교 번역대학원을 졸업하였으며 현재는 글로벌 LSPLanguage Service Provider인 '라이온브리지'에서 Senior Linguist 로 재직 중입니다. 글로벌 언어 전문가인 최영열 역자의 뚝심 있는 번역 원칙에 따라 현대적으로 번역된 이 책은 저성장과 저출산으로 우려가 커지고 있는 대한민국 사회에 불꽃 같은 메시지를 전달해줄 것입니다.

Valentino Choi

최영열

연세대학교 철학과 및 성균관대학교 번역대학
원을 졸업하였다. 해군 장교로 봉직하였고,
「콘센트릭스Concentrix」의 이베이eBay 번역센터
인하우스 번역가로 근무하였으며, 현재는
글로벌 LSPLanguage Service Provider인 「라이온
브리지Lionbridge」에서 시니어 링기스트Senior
Linguist로 재직 중이다.

"구름이 걷히고 태양이 빛나는, 그날은 반드시 옵니다"

좌절과 자기 연민의 세대에 전하는
한 줄기 뜨거운 불꽃 같은 외침

『진실의 힘』은 미국의 작가 윌리엄 조던William George Jordan의 1902년 작품으로, 자기계발서라고 많이 알려져 있으나 우리가 현대적 감각으로 흔히 생각하는 자기계발서와는 사뭇 다릅니다. 이 책은 단순히 편안하고 쉬운 인생을 위한 방법론을 제시하지 않습니다. 대신 독자들로 하여금 하느님의 뜻과 일치하는 진리眞理와 이성理性에 대한 확고한 신념을 품고 살아가도록 동기를 부여하고 있으며, 심지어 고난을 겪거나 어떠한 해를 입더라도 옳은 것을 추구하며 사는 길을 권하고 있습니다. 저자는 미국 기독교 문화에 충실하며 독실한 신앙을 가지고 있지만, 개신교의 특정 종파적 시각으로 세상을 편협하게 보는 것을 거부하며, 그보다는 보편적 신앙, 인간의 상식과 합리성, 그리고 인류애적 가치에 호소하고 있어서 이 작품은 시대를 초월하는 감동을 주고 있습니다.

-'역자 서문' 중에서-

모두를
위한
인문학
도서

1 3 1 9 0

ISBN 979-11-93607-21-3

9 791193 607213

값 20,000원